D1665186

DIE BERÜHMTESTEN HENGSTE DEUTSCHLANDS

Holger Heck — Lars Gehrmann

Die berühmtesten

Hengste

Deutschlands

**Stempelhengste und bedeutende
Vererber aller Rassen**

Holger Heck/Lars Gehrmann

L.B. AHNERT-VERLAG

ALPHABETISCHES VERZEICHNIS DER HENGSTE

DIE IM BUCH ENTHALTENEN HENGSTE GEGLIEDERT NACH PFERDERASSEN

Einladung in einen faszinierenden Pferdestall

Sachlichkeit war notwendig. So notwendig, wie das exakte Maß beim Bau einer Brücke, die zuverlässig ihre Last tragen soll. So notwendig, wie die Unbestechlichkeit des Buchhalters, der den Strich unter die Jahresrechnung macht.

Sachlichkeit war notwendig bei der Arbeit an diesem Buch. Wir haben uns darum bemüht. Doch oft waren wir in der Situation des Landvermessers: Fahlrot der Sonnenuntergang, ein paar schwarze Krähen lassen sich mit Flügelschlagen auf der alten Eiche nieder, die nur als Schattenkontur gegen den Horizont sichtbar ist. Die wogenden Gräser, wie die Einladung zu einer Kahnfahrt und hinten, weit hinten, die schneebedeckten Berge der Alpen.

Wie barbarisch, solch einen Anblick mit dem Metermaß tranchieren zu müssen, in Planquadrate einteilen zu sollen!

Ein großer Teil der Vorarbeiten an den ''Berühmtesten Hengsten Deutschlands'' mußte notwendigerweise solche Arbeit sein. Erfolgsstatistiken wurden miteinander verglichen, Hengste wurden gegeneinander abgewogen, Zeitgenossen bei verstorbenen Pferden um ihre Erinnerung gebeten . . . Und mancher herausragende Hengst mußte seinen Platz räumen für einen noch besseren. Für einen vielleicht, der neben einer ebensolchen guten Nachkommengewinnsumme auch noch eine Reihe von besonders guten Stuten für die Zucht geliefert hatte, oder für einen, dessen gekörte Söhne sich schon einen großen Namen gemacht haben.

Wir haben uns geholfen, bei diesem Einsortieren, Aussortieren, Rangieren und Bewerten. Wir haben von Anfang an dieses Buch als einen besonders großen Pferdestall betrachtet. Und so haben wir nach und nach eine geräumige Box nach der anderen gefüllt. Was für ein faszinierender Pferdestall das geworden ist! Vergessen Sie für kurze Zeit, daß viele der vorgestellten herrlichen Hengste nicht gleichzeitig gelebt haben, lassen Sie sich mal an der Hand nehmen und durch den breiten Stallgang führen.

Vorn haben wir den guten, alten Gotthard. Daneben Ferdinand und dann Grande, den eigentlich so unscheinbaren Vertreter seiner Rasse. Eine Mohrrübe für den Trakehner Impuls, ohne den die Kaliber- und Fundamentverstärkung in dieser Zucht heute noch schwieriger wäre. Furioso II schaut in der Box daneben mit seinen ruhigen, doch feurigen Hengstaugen durch die Gitterstäbe. Und dann Hadban Enzahi. Der majestätische Araber. Eine lange Reihe Vollblüter stehen in diesem Hauptbeschäler-Stall. Nicht nur die herausragenden Vollblut-Vererber Birkhahn, Orsini und der schnelle Star Appeal — viele Vollblüter, die sich in erster Linie in den Warmblutzuchten einen Namen gemacht haben. Marlon xx und Ladykiller xx zum Beispiel grüßen aus Schleswig-Holstein, andere aus Westfalen, Oldenburg und sogar aus Bayern.

Wollen wir es aber bei der freundlichen Vorstellung lassen, daß die "Berühmtesten Hengste Deutschlands", die nach dem Zweiten Weltkrieg in vielen unterschiedlichen Zuchten gewirkt haben, in diesem Buch einen Hauptbeschäler-Stall gefunden haben. Wir wollen hoffen, daß sie sich in ihren Boxen gut aufgehoben fühlen — für die Schwinge Extra-Hafer jeden Tag soll gesorgt sein.

Schon bemerkt: Die Auswahl der Hengste in diesem Buch, die nachhaltige Spuren, zum Teil in mehreren Zuchtgebieten hinterlassen haben, bezieht sich auf Pferde, die nach dem Zweiten Weltkrieg ihren Einsatz in Sport und Zucht gehabt haben.
Die Auswahl ist nach allen vorliegenden Daten, Fakten und Erkenntnissen erfolgt. Zum Beispiel: Alle Nachkommen in der Zucht wurden in der Breite und in der Spitze bewertet, die erfolgreichen Nachkommen im Sport wurden herangezogen, wobei auch hier unterschieden wurde, ob ein Hengst durch wenige Nachkommen eine gute Gewinnsumme aufzuweisen hat, oder ob viele Söhne und Töchter gleichmäßig dazu beigetragen haben. Eine erhebliche Rolle hat auch gespielt, ob ein Hengst dem heutigen Zuchtziel entsprechend gewirkt hat und in wenigen Fällen mußte zwischen Hengsten, die viel und gut und anderen, die weniger und sehr gut vererbt hatten, entschieden werden. Diese Entscheidungen sind unterschiedlich ausgefallen.
Wenn alle anderen Kriterien eine Entscheidung nicht mehr zuließen, wurde in der Regel zugunsten von Vererbern entschieden, die eine besonders imponierende Leistung innerhalb der Zucht hinterlassen haben. Hengste, die höhere Nachkommengewinn-

7

summen aufzuweisen haben, als der eine oder andere, der in dieser Aufstellung enthalten ist, gehören aus diesem Grund nicht dazu.

Die Landgestüte und die Hengsthalter haben sich aktiv an diesem Buch beteiligt. In vielen Landgestüten wurden die Aktenschränke aufgeschlossen, wurden die Fotoalben geplündert. Die Landstallmeister haben — soweit sie schon im Amt waren — in ihren Erinnerungen gekramt und manche interessante Anekdote zu tage gefördert. Das Fotomaterial in diesem Buch läßt sicherlich kaum Wünsche offen.

Wahrscheinlich ist für dieses Buch das Beste an Fotos zusammengetragen und bei noch lebenden Hengsten beschafft oder veranlaßt worden, was möglich ist. Die Arbeit an der Illustration allerdings hat wegen des notwendigen Ausmaßes auch zu denken gegeben: Nicht nur in einigen Fällen ist es traurig, wie wenig gute Fotos von manchem herausragenden Hengst (noch?) vorhanden sind. Das betrifft nicht nur Staatshengste. Im gleichen Maß auch Hengste im Privatbesitz. Umso stolzer sind wird, daß in unserem Hauptbeschäler-Stall jeder Hengst aus seiner Box herausschauen kann, sich zeigen kann in der vorteilhaftesten Pose.

Die Autoren sind bei der Auswahl viele Monate lang von vielen Sachkennern beraten worden. Dafür danken sie.

Natürlich hat es auch Versuche der Einflußnahme oder gar der Pression gegeben. Das ist zwar nicht verständlich — es war aber erwartet worden. Solchen Pressionen ist in keinem Fall nachgegeben worden. Die Auswahl der vorgestellten Hengste ist letztlich von den Autoren in enger Abstimmung mit dem Verlag getroffen worden. Von Anfang an waren sich alle Beteiligten an diesem Buch darüber im Klaren, daß es Härten geben müßte, daß naturgemäß (im wörtlichen Sinn) auch eine Reihe von subjektiven Bewertungskriterien mit einfließen müßten.

Bei allen in diesem Buch vorgestellten Pferden handelt es sich um herausragende Vererber deutscher Zucht. Das sollte der Leser beim Studieren immer beachten: Auch wenn die Beschreibungen so ehrlich und hippologisch verantwortungsvoll verfaßt wurden, wie es uns notwendig und ausschließlich hilfreich schien.

8

Kein Pferd ist ohne Fehler. Auch keines in diesem faszinierenden Hauptbeschäler-Stall. Der eine hat mehr oder weniger Mängel — Mängel haben sie alle. Und diese Mängel sind bezeichnet. Solch ein Band würde kaum weiterhelfen, wenn von allen Hengsten nur die Vorzüge beschrieben würden.

Jeder Hengst hat in diesem Hauptbeschäler-Stall seine Box. Doch manche haben etwas mehr Platz. Grundsätzlich sind alle Hengste auf zwei Seiten ausgebreitet. Die etwas wichtigeren haben vier Seiten erhalten und ein paar wenige sind mit sechs Seiten besonders hervorgehoben worden. Neben der Beschreibung der Hengste, die versucht, auch für den interessierten Laien zugänglich zu sein, wird jedes Pferd in drei unterschiedlichen Tafeln deutlich gemacht: Persönliche Daten, Nachkommen-Daten und (soweit abgelegt) das Ergebnis der Hengstleistungsprüfung. Natürlich ist für jeden Hengst ein ausführliches Pedigree enthalten und ebenfalls mindestens ein Foto.

Über die Nachkommen in Zucht und Sport haben die meisten bedeutenden Pferde nach dem Krieg in der Bundesrepublik zumindest mit ihrem Namen Eingang in dieses Buch gefunden. Der aufmerksame Leser wird interessante Querverbindungen zwischen verschiedenen Zuchtgebieten finden, er wird die hocheingeschätzte Zuchtbedeutung eines Hengstes aus dem eigenen Zuchtgebiet in Relation setzen können mit der Leistung anderer Hengste anderer Zuchtrichtungen.

Dies ist kein Hengstbuch im üblichen Sinn. Das will es nicht sein. Dies ist ein Lese- und Studier- und Nachschlagewerk für den Kenner und für den interessierten Liebhaber, so hoffen wir, ein Eingang in die faszinierende, aber auch verwirrende hippologische Welt.

Für uns wird dieses Buch aber vor allem der faszinierendste Pferdestall der Welt bleiben. Wir haben viele Hengste gut und manche viel besser kennengelernt bei der Arbeit an diesem Buch. Mancher ist schon einige Jahre tot, doch scheint er uns inzwischen so vertraut, daß wir ihm ganz gern mal freundschaftlich auf die Kruppe klopfen würden.

Wir haben uns trotz der großen Menge von Fakten, Zahlen und

Daten das Dilemma des Landvermessers erhalten: wir haben bewertet, eingeordnet und ausgewählt — wir haben aber den Blick für die Schönheit, den Adel und die Majestät, so glauben wir, nicht eingebüßt.
Wenn Sie nach dem Rundgang durch diesen herrlichen Hauptbeschäler-Stall ebenfalls diesen Eindruck haben, hätten wir unsere Aufgabe erfüllt.

Stuttgart   Holger Heck
Im August 1983   Lars Gehrmann

DIE ZUCHTGEBIETE
DES DEUTSCHEN REITPFERDES

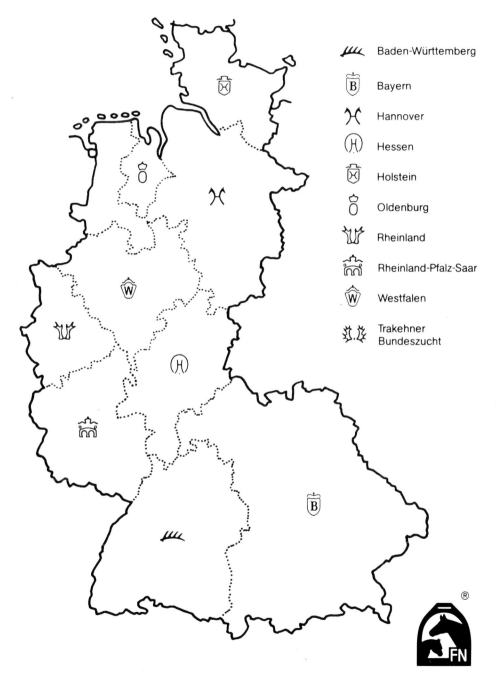

Baden-Württemberg

Bayern

Hannover

Hessen

Holstein

Oldenburg

Rheinland

Rheinland-Pfalz-Saar

Westfalen

Trakehner
Bundeszucht

Aar

Berühmt durch seine Töchter
(Westfalen)

Fast jeder deutschen Landespferdezucht wurde nach dem Zweiten Weltkrieg ein Schuß Trakehner Blut zugeführt. Für viele Zuchtgebiete ist dieses Blut zu einem dominierenden Faktor bei der Umzüchtung vom Wirtschaftspferd zum Reitpferd geworden. In Westfalen hat das ostpreußische Blut verhältnismäßig wenig Einfluß gehabt. Doch aber auch Einfluß: Ein Beispiel dafür ist der noble Hengst Aar, der über die väterliche Linie Trakehner Blut führt. Aar hat einige wichtige gekörte Söhne hinterlassen — vor allem aber hat er in Westfalen durch eine große Zahl qualitätvoller Stuten Bedeutung.

Der Abschaum-Sohn aus einer Flugpaß-Tochter, der in Westfalen geboren ist, verfügte über ein Stockmaß von 164 Zentimeter. Das ist für heutige Verhältnisse gerade eben mittle-

rer Rahmen. 1957, in dem Jahr, in dem Aar in Münster gekört wurde, war dieses Stockmaß fast schon an der oberen Grenze. Doch auch für heutige Verhältnisse glich Aar diese mittlere Größe durch großen Rahmen, Kaliber und viel Substanz in allen, sehr gefälligen Partien aus. Besonders zu loben sind sein ausdrucksvoller, markanter Kopf, seine ausgezeichnete Halsung auf einer mächtigen, gut gelagerten Schulter.

Den energischen Antritt und den sehr ergiebigen Gang hat Aar den meisten seiner Nachkommen mitgegeben. Einen geringfügigen Mangel hatte der braune Hengst in der Formation des rechten Vorderfußes — dies hat sich bei seinen Nachkommen aber nur selten bemerkbar gemacht.

AAR

Geboren:	1955 in Westfalen
Lebens-Nr.:	410149055
Züchter:	Wilhelm Döpke, Rahden, Sielhorst
Farbe:	Braun
Abzeichen:	St., gr.Schn.; beid.Vf.un-reg.w., l.Hf.hoch w., r.Hf.halb w.

Von den Söhnen des Aar hat wohl der mächtige Aarstein die größte Bedeutung erlangt. Der vielversprechende Agent ging leider schon 1975 ein. Viel wichtiger ist Aar allerdings als Lieferant von hervorragenden Stuten, die über viele Jahre in Westfalen dominierend in Erscheinung traten. Insgesamt sind von Aar 219 Stuten eingetragen — davon sind fast zehn Prozent (20) mit einer Staatsprämie ausgezeichnet, 164 stehen im Hauptstutbuch. Die Aar-Töchter erweisen sich als wertvolle Vererberinnen. Nur wenige Hengste haben

		Poseidon	Pirat
	Absinth (Ostpr.)		Polanka
		Abfahrt	Pirol
Abschaum			Appam
		Schaumburger	Exelsior
	Arna (Ostpr. Stb)		Sonne
		Aroma	Arno
			St. v. Fechtwart
		Flugfeuer (Celle)	Fling
			Feile (H)
	Flugpaß 864 Ldb. Db.		
		Calkuza Hann. S.	Camoens
St. Pr. St. Flutwelle			Saduzina (H)
		Amoroso	Amos (Celle)
			Kalisch Hann. S. (H)
	Amazone B.		Gallas Ldb.
		Gertrud S.	Betty

Zugleistungs-prüfung: 1958 in Warendorf
Maße: 164/21/190
Gekört: 1957 in Münster

Gekörte Söhne: Aarland, Aarstein, Abt, Agent, Amigo, Asbach
Töchter: 219 eingetragene Stuten
Staatsprämienstuten: 20
Hauptbuchstuten: 164
1982 waren 63 Aar-Nachkommen im Sport. Davon gewannen 11 Pferde mehr als 1.000 Mark.
Nachkommen-Gewinnsumme 1982: 337.800,-- DM

wie Aar in erster Linie Töchter hinterlassen, die hohen Qualitätsansprüchen genügen. Darüber hinaus hat Aar seinen Nachkommen fast durchweg ausgezeichnete Springveranlagungen mitgegeben. Dies hat dazu geführt, daß die Aar-Nachkommen als Verkaufs- und Reitpferde sehr beliebt waren und noch sind. Seine Springveranlagung hat Aar durch seine gekörten Söhne und die meisten seiner Töchter fest in der westfälischen und rheinischen Zucht verankert.

1978 trat Aar infolge Altersschwäche ab.

Abglanz

Ein Ostpreuße erobert Hannover
(Trakehnen/Hannover)

Der Trakehner Hengst-Jahrgang 1942 wurde im Herbst 1944 — die Front rückte näher und näher — mit der Bahn nach Hunnesrück verladen, um die Pferde vor den herannahenden russischen Truppen zu retten. Unter diesen Junghengsten befand sich auch der mittelrahmige Fuchs Abglanz, den das Niedersächsische Landgestüt Celle zwei Jahre später übernahm.

Abglanz war ein Hengst voller Harmonie und Adel, der seinen Geburtsort nicht leugnen konnte. Trotz seiner mittleren Größe stand er doch im großen Rahmen, deutlich im Rechteck. Seine etwas herausgestellte Hinterhand tat ein Übriges zu diesem optischen Eindruck. Seine Points lagen vor allem in der kurzen, stämmigen Röhre mit tief sitzenden Gelenken

und der schön formierten Oberlinie mit langem, gut angesetztem Hals.

Sein Vater Termit wurde 1933 geboren und war ab 1938 Hauptbeschäler in Trakehnen — bis zum Untergang 1944. Seine Mutter Abendluft (von Poseidon) gehörte der berühmten Trakehner Fuchsstutenherde an. Sie ist Vollschwester zu den Beschälern Absinth, Absalon und Abendstern. Die Mutter dieser vier Geschwister, die Fuchsstute Abfahrt, gehörte zu den qualitätvollsten Hauptgestütsstuten.

Abglanz hat seinen Charme und seine Ausstrahlung durchweg weitergegeben. Seine Vererbung war in dieser Beziehung ohne Ausfälle. Jedoch wurde sehr bald deutlich, daß, mit kleineren Stuten angepaart, der Einfluß

ABGLANZ

Geboren: 1942 in Trakehnen
Lebens-Nr.:   3534
Züchter: Hauptgestüt Trakehnen/
                      Ostpreußen
Farbe: Fuchs
Abzeichen: Große Blesse, vier Füße
                      hoch weiß

seiner im Größenmaß knappen Vorfahren erkennbar wurde. Am besten vererbte sich Abglanz auf großen, schweren Stuten und die gab es in Hannover genug. Hier kamen die vererberischen Qualitäten dieses Trakehners voll zur Geltung. Kein anderer Hengst hat in dieser Phase der Umzüchtung zum modernen Hannoveraner so sehr den Typ und die Harmonie der Proportionen verbessert. Mit seinen

			Dampfroß Df.	Dingo	v. Tresor
		Hyperion F.		Laura	v. Passvan
			Hypothese F.	Haselhorst	v. red Prince II xx
Termit Df.				Harzsage	v. Holländer xx
			Tempelhüter Db.	Perfectionist xx	v. Persimmon xx
	Technik F.			Teichrose	v. Jenissei
			Tageskönigin F.	Shilfa xx	v. Isinglass xx
				Teetasse	v. Optimus
		Pirat F.		Tempelhüter	v. Perfectionist xx
	Poseidon F.			Paula	v. Pizzo
		Polanka F.		Fischerknabe	v. Obelisk
Abendluft F.				Povona	v. Hartenfels xx
		Pirol		J. Pilot	v. Pilot
	Abfahrt F.			Hilda	v. Petros
		Appam F.		Polarfischer	v. Fischerknabe
				Arche	v. Larifari

Hengstleistungs-
prüfung: keine
Maße: 162/193/
21,4
Gekört: 1946

Gekörte Söhne: Aalfänger, Abend, Abglanz-Sohn, Abgott, Abhang I, Abhang II, Abhang III, Absatz, Abstand, Absurd, Akrobat, Apollo, Archimedes, Artur, Atlantik, Centennial, Kassio, Morgenglanz, Valentin.
Töchter: 74 eingetragene Stuten
Staatsprämienstuten: 15
Hauptbuchstuten: 67
1982 waren keine Abglanz-Nachkommen mehr im Sport. Nachkommen-Gewinnsumme: 324.000,-- DM

16 Söhnen schuf er in Hannover eine eigene Hengstlinie (siehe Absatz), die auf breiter Basis steht und ohne die der typvolle Hannoveraner heute nicht denkbar wäre.

Kurz nachdem er 1964 nach Hunnesrück kam, um hier auch positiven Einfluß auf die Trakehner Zucht zu nehmen, mußte er getötet werden. Eine vorsorgliche Behandlung gegen hämolytische Streptokokken hat er in dem hohen Alter nicht mehr vertragen. Drei Abglanz-Söhne konnten aus dieser kurzen Zeit in Hunnesrück gekört werden. Vor allem über seinen Sohn Kassio ist deshalb das Abglanz-Blut auch in der Trakehner Zucht verbreitet.

Absatz

Den Vater noch übertroffen
(Hannover)

Der außerordentlich elegante, trotzdem aber stationöse Fuchs-Hengst Absatz, wichtigster Sohn des Trakehners Abglanz, ist in seiner Zucht-Bedeutung für die hannoversche Zucht unumstritten. Er gehört zweifellos in die Reihe der fünf oder sechs Hengste, die nach dem Zweiten Weltkrieg diese Zucht am stärksten geprägt haben. Absatz hat sich auf allen drei Gebieten, nach denen die züchterische Bedeutung eines Hengstes bemessen werden muß, besonders in den Vordergrund geschoben: Er ist Vater von mehr als 40 gekörten Söhnen, er hat mehr als 300 sehr gute Stuten geliefert, von denen mehr als 20 Prozent mit einer Staatsprämie ausgezeichnet wurden und er steht als Vater von Reit- und Sportpferden in großem Ruf. Mehr als 100 seiner Söhne

und Töchter wurden zu guten Preisen über die Verdener Elite-Auktionen verkauft.

Durch seine sympathische Erscheinung nahm der Hengst — er ist 1982 gestorben — das Herz jedes Pferdemenschen sofort für sich ein. Der elegante, trockene Kopf mit dem grossen Ausdruck und den markanten Ganaschen beeindruckte. Absatz konnte den Trakehner-Vater nicht verleugnen. Der lange, gut geformte Hals endete in freien Ganaschen und ruhte auf einer breiten Schulter. Widerrist und Sattellage des Hengstes ließen kaum Wünsche offen.

Trotz aller Bedeutung, die der Hengst erlangte, ist er bei kritischer Bewertung nicht ohne Makel. Seine Kruppe war ein wenig kurz geraten, der Vorderfuß recht leicht, die

Protokoll:

ABSATZ

Geboren:	1960 in Niedersachsen	
Lebens-Nr.:	310405260	
Züchter:	Wilhelm Brunkhorst, Westmoor, Kr. Stade	
Farbe:	Fuchs	
Abzeichen:	Gr.Blesse, r.Vf.h.w., r.Hf. gefl.w.	

Sprunggelenke hätte man sich erheblich ausdrucksvoller gewünscht. Ausgeglichen hat Absatz dies durch sehr feste Hufe, die er seinen Kindern meistens auch mitgab, viel Brusttiefe und einen guten Raumgriff.

Ein Blick auf die Abstammung dieses Hengstes mag manchen vordergründigen Mangel erklären. Diese Abstammung ist aber auch ein Studien-Beispiel für intelligente Pferdezucht, geradezu ein Paradebeispiel für die Versammlung von unterschiedlichem Blut, das in die-

		Hyperion	Dampfroß / Hypothese
	Termit (Trak.)		
Abglanz		Technik	Tempelhüter / Tageskönigin
		Poseidon	Pirat / Polanka
	Abendluft (Trak.)		
		Abfahrt	Pirol / Appam
		Lanzer	Lancelot xx / Gabota H
	Landeck		
Landmoor H		St.Pr.St. Alexine	Albeck / Anaka H
		Schlingel	Shagya / Fassa H
	St.Pr.St. Schlinka H		
		Calka H	Comenius / Adicuta H

Hengstleistungsprüfung: Wegen Krankheit nicht geprüft.
Maße: 166/175/21,8
Gekört: 1962 in Verden

Berühmte Nachkommen:

Gekörte Söhne: Abendprinz, Abflug, Abgott, Abraham, Absatzkapitän, Absinth, Absolut, Absud, Aderlaß, Adler, Admiral I, Admiral II, Adrian, Aktuell, Akzent I, Akzent II, Alfa, Allegro, Allermund, Amazonas, Ambassador, Amor, Angriff, Anruf, Argentan I, Argentan II, Arsenik, Aspirant, Azur und über 10 weitere gekörte Söhne.
Töchter: 328 eingetragene Stuten
Staatsprämienstuten: 68
Hauptbuchstuten: 310
1982 waren 148 Absatz-Nachkommen im Sport. Davon gewannen 25 Pferde mehr als 1.000 Mark.
Nachkommen-Gewinnsumme 1982: 503.000,-- DM

sem Hengst vor allem in seinen positiven Eigenschaften hervortritt. Holzschnittartig gesagt ist Absatz ein Produkt aus Trakehner Blut, solidem hannoverschem Blut und einem Schuß jeweils englischen und arabischen Vollbluts.

Der Vater Abglanz, ein hervorragendes Produkt aus der Trakehner Fuchsherde, hatte den bedeutenden Termit zum Vater. Aus dieser und aus der Richtung des Vaters mütterlicherseits fließt in den vorderen Generationen ein gehöriger Schuß englischen Vollbluts (Perfektionist xx, Shilfa xx — Lancelot xx). Das arabische Blut kommt von der Großmutter Schlinka, die eine Tochter des Schlingel und der wiederum ein Sohn des Shagya-Arabers mit dem Namen „Shagya XVII" gewesen ist. Über den Großvater mütterlicherseits vor allem, den Hengst Landeck, wird der solide hannoversche Einfluß deutlich.

Vielleicht darf es vergröbernd, aber damit deutlich, so dargestellt werden: In den Adern des Absatz floß von unterschiedlichen Richtungen her schon gefiltertes Veredler-Blut — die Gefahren der Aufspaltung oder der auch immer wieder befürchteten Dominanz negati-

ver Eigenschaften des edlen Blutes (Vollblut, Araber) blieben von vornherein gering. Das englische Vollblut wurde gefiltert durch den Trakehner und den Hannoveraner eingebracht. Schon die Rasse des Shagya-Arabers ist hinsichtlich der Reitpferde-Qualität selektiert und züchterisch beeinflußt. Aus dieser Richtung fand dieses Blut bei Absatz zudem nur durch eine Filterung über hannoversches Blut Eingang.

Aus all diesen Blutströmen ist mit Absatz eine fast vollendete Komposition gelungen. Der Hengst hat seinen geschmackvollen Typ durchschlagend vererbt. Seine Nachkommen bestechen durch erhabene Haltung, viel Intelligenz und große Leistungsfähigkeit und Leistungswillen. Im Dressur-Viereck, aber mehr noch im Spring-Parcours haben die Absatz-Nachkommen ihr sportliches Betätigungsfeld. Neben der Klugheit hat der Vater den Kindern meist auch sehr viel Gelehrigkeit mitgegeben, gepaart mit einem sensiblen Wesen — was grundsätzlich als sehr positiv zu vermerken ist.

Negativ aufgefallen ist bei einigen Absatz-Kindern ein teilweise etwas langer Rücken und die etwas zu kurze Kruppe, die auch der Vater hatte. Der Vortritt ist fast durchweg gut — doch treten manche Nachkommen des Absatz hinten nicht immer ganz rein. Eine Eigenschaft, die beim Vater nicht zu erkennen war, die sich aber aus seinen wenig markanten Sprunggelenken erklären läßt.

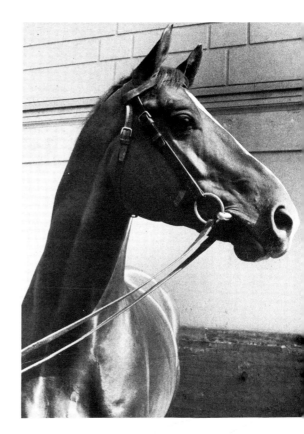

Adonis xx

Der Beginn einer Zuchtepoche (Vollblut/Oldenburg)

Drei große Wege der Umzüchtung vom Wirtschafts- zum Sportpferd sind nach dem Zweiten Weltkrieg in den deutschen Landeszuchten zu beobachten: Umzüchtung durch Selektion aus dem vorhandenen Zuchtmaterial, Einsatz von Trakehner Blut oder Verwendung englischen Vollblutes.

In Oldenburg ist mit Beginn der sechziger Jahre, begleitet von manchem kritischen Kommentar, der dritte Weg konsequent eingeschlagen worden. Der starkknochige und besonders große Oldenburger sollte durch den Einsatz von guten Vollblut-Hengsten zum Reitpferd umgeformt werden. Damit begann in Oldenburg eine neue Zucht-Epoche, die heute mehr oder weniger abgeschlossen erscheint, obwohl immer noch in vergleichswei-

se großer Zahl mit englischen Vollblütern gezüchtet wird.

Begonnen hat diese Zucht-Epoche mit dem Schlenderhaner Vollblüter Adonis xx, der im Jahr 1959 bei L. Kathmann in Holtrup aufgestellt wurde. Er war der erste xx-Hengst, der im Oldenburger Zuchtgebiet zum Einsatz kam.

Sechs Jahre lang war der 1952 geborene Hengst vor seinem Einsatz in der Warmblutzucht im Renneinsatz. In diesen sechs Jahren verdiente Adonis xx etwas mehr als 50 000 Mark, was für diese Zeiten der kleineren Preisgelder ein gutes Ergebnis war. Besonders aber wegen seiner Abstammung war Adonis xx von Kathmann übernommen worden: Der Vater war Derbysieger 1941 gewesen, die Mutter Stuten-Preis-Siegerin.

ADONIS xx

Geboren:	1952 im Rheinland
Lebens-Nr.:	060038052
Züchter:	Gestüt Schlenderhan, Bergheim
Farbe:	Braun
Abzeichen:	keine
Maße:	161/179/20,0
Gekört:	1959 in Oldenburg

Adonis xx selbst war ein feiner Hengst, mit gutem Gesicht, knapp mittelgroß mit einem etwas matten Rücken und ordentlichen Gängen. Der Hengst hat vor allem in der Breite gewirkt, ist aber auch Vater einiger Spitzenpferde. Natürlich besonders auf solide gezogenen, kalibrigen Stuten konnte er seine Qualitäten weitergeben. Seine Nachkommen waren im Reitsport sehr begehrt. Er hat aber auch 14 gekörte Söhne hinterlassen, von denen allerdings nicht alle große züchterische Bedeutung erlangt haben.

		Teddy xx	Ajax xx
	Asterus xx		Rondeau xx
		Astrella xx	Verdun xx
Magnat xx			St. Astra xx
		Wallenstein xx	Dark Ronald xx
	Mafalda xx		Wiener Mädel xx
		Madam xx	Sunstar xx
			Signorina xx
		Prunus xx	Dark Ronald xx
	Oleander xx		Pomegranate xx
		Orchidee II xx	Galtee More xx
Aster xx			Orseid xx
		Wallenstein xx	Dark Ronald xx
	Arkebuse xx		Wiener Mädel xx
		Arabis xx	Ard Patrik xx
			Ibidene xx

Rennleistung

Adonis xx lief zwei- bis sechsjährig. Er war 49 mal am Start, gewann 12 Rennen und 25 Plätze. Gesamtgewinnsumme: 51.500 Mark Adonis xx war unter anderem siegreich im Großen Preis von Neuss (1956) und im Kölner Damen-Preis (1958).

Gekörte Söhne: Adel, Adjunkt, Adlatus, Adler, Adrian, Advent I, Advent II, Advokat, Alchimist, Apart, Arno, Artus, Ass
Töchter: 160 eingetragene Stuten
Staatsprämienstuten: 15
Hauptbuchstuten: 110
1982 waren 52 Adonis xx-Nachkommen im Sport. Davon gewannen 6 Pferde mehr als 1.000 Mark.
Nachkommen-Gewinnsumme 1982: 291.000,-- DM

Besonders im Turniersport haben die Adonis-xx-Kinder große Bedeutung. Nach der Zahl der plazierten Nachkommen stand Adonis xx 1971 auf dem ersten und ein Jahr später auf dem zweiten Platz in der Bundesrepublik. 14 Nachkommen von Adonis xx wurden erfolgreich über die Oldenburger Auktionen verkauft, 48 seiner Nachkommen schon im Fohlenalter prämiert.

Nach fünfjährigem Einsatz in Oldenburg wurde Adonis xx im Jahr 1964 an das Landgestüt Dillenburg (Hessen) verkauft, wo er ebenfalls noch sehr nützlich wirkte, bis er 1976 einging.

Agram

Vererbung lange unerreicht
(Hannover)

Als Agram seine züchterische Laufbahn als Celler Landbeschäler 1942 begann, wagte niemand an Turniersport zu denken. Der junge Alkoven-Sohn war bei den Züchtern nicht sonderlich beliebt. Er war etwas bullig, knapp in der Größe und wenn er sich auch recht schwungvoll bewegen konnte, war er im Gang doch sehr unregelmäßig, was er auch fast durchweg vererbte. Er war gut proportioniert und nicht ohne Ausdruck, wenn der schwere Kopf mit seinen starken Backenknochen ihn auch manchmal etwas gewöhnlich erscheinen ließ.

Agram deckte zunächst auf der Station Splietau bei Dannenberg an der Elbe. Nachdem er dort die Züchter nicht für sich begeistern konnte, wurde er auf die nicht gerade

berühmte Station Uthlede an die Weser versetzt. Dort fand er allerdings noch weniger Anklang.

Anfang der fünfziger Jahre meldeten sich die Dannenberger Züchter wieder. Es entstand langsam Nachfrage nach Reit- und Springpferden und unter diesen erwiesen sich Agram-Kinder als besonders talentiert. Damit entstand auch die Nachfrage nach Agram. Er kam zurück nach Dannenberg und wurde bald zum großen Star der Station.

Agram lieferte Springpferde von ungewöhnlichem Vermögen und erstklassiger Vorderbeintechnik. Er setzte sich auf Stuten unterschiedlichster Herkunft und Abstammung als potenter Springpferdevererber durch. Unter seinen Kindern ist besonders die Schim-

AGRAM

Geboren: 1939 in Niedersachsen
Lebens-Nr.: 3294
Züchter: Harm Peters, Brobergen,
              Kr. Stade
Farbe: Schimmel
Abzeichen: keine

mel-Stute Anaconda hervorzuheben. Sie wurde bereits sechsjährig von Alwin Schockemöhle international eingesetzt und lief dann unter Mary Chapot in den Vereinigten Staaten nicht weniger erfolgreich. Die Agram-Söhne

		Alnok	Adeptus xx
	Alderman I		Stute v.
		Germanna H	Geßler
Alkoven I			Stute v.
		Commandeur	Comet
	Costane H		Xalapa H III
		Lorelei H IV	Lorval
			Ostrawitza III
		Amulett	Amurath I
	Amateur I		Nopette H
		Alcansa H	Alcantara I
			Stute v.
Ackerkind H		Lorenz	Lorlot
	Lucia H		Nedache H
		Sabibota H	Schwaberl I
			Nemunda H

Hengstleistungsprüfung: keine
Maße: 161/186/21,5
Gekört: 1941 in Verden

Gekörte Söhne: Efendi, Eger I, Eger II
Töchter: 188 eingetragene Stuten
Staatsprämienstuten: 13
Hauptbuchstuten: 137
1982 war noch ein Agram-Nachkomme im Sport.
Nachkommen-Gewinnsumme 1982: 490.630,-- DM
Gewinnreiche Sportpferde:
Hannoversche Schimmelstute Anaconda - international erfolgreiches Springpferd unter Alwin Schockemöhle und Mary Chapot. Die beiden Schimmel Abadir und Agent waren international erfolgreich unter Paul Schockemöhle.

Abadir und Agent sorgten ebenfalls für Furore auf internationalen Springplätzen. Agent startete 1976 in Montreal bei den Olympischen Spielen unter Paul Schockemöhle im Nationenpreis und errang die Silbermedaille. Er kam auf eine Lebensgewinnsumme von weit über 130 000 Mark.

Züchterisch allerdings konnte sich Agram nicht durchsetzen. Seine Hengstlinie ist 1981 mit dem Tod seines Enkels Echo II in Celle erloschen. Agram lieferte der hannoverschen Zucht nur 13 Staatsprämienstuten und seine eingetragenen Hauptstutbuch-Töchter tragen sein Blut nur spärlich weiter. Sportlich jedoch blieb seine Vererbung lange unerreicht. Gemeinsam mit Ferdinand ist er der Hengst, der den Ruf des Hannoveraners als weltbestes Springpferd begründete.

Angelo xx

Eine große zweite Karriere
(Vollblut / Westfalen)

Da steht er vor uns und beeindruckt: Die gut gelagerte Schulter des Vollblüters, die Galoppiervermögen signalisiert, der markante Widerrist mit einer guten Sattellage und natürlich die Größe, die nicht jeder Vollblüter einbringen kann.

Angelo xx hat ein General-Ausgleichsgewicht von 87 Kilo. Viele andere Vollblüter, die in der Warmblutzucht mehr oder weniger erfolgreich ihren Dienst tun, haben mehr GAG. Bei Angelo xx ist dies durch eine verhältnismässig kurze Rennlaufbahn zu erklären, aber vielleicht auch dadurch, daß er wohl auch bei längerem Einsatz auf der Rennbahn zum absoluten Kracher nicht geworden wäre. Angelo xx hat einige gute Erfolge auch in bedeutenden Rennen zu verzeichnen — doch so richtig und

sicher ganz nach vorn ist er nicht gelaufen. Dazu fehlte es ihm an Speed, wie die Vollblut-Leute sagen. Er war eigentlich mehr ein Steher — ein Pferd, das sich zu Beginn des Rennens an die Spitze setzt und — wenn das Durchhaltevermögen ausreicht — diese Spitze bis ins Ziel beibehält.

Auch in seiner Abstammung ist Angelo xx sicher nicht gerade das, wovon Vollblut-Enthusiasten träumen. Über die väterliche Seite (Oliveri) führt der Hengst, dem man etwas mehr Rassetyp wünschen würde, recht gemischtes Blut im Hinblick auf die Leistung. Der Vater ist in Italien gezogen und kam in jungen Jahren nach Deutschland, wo er auch nicht gerade in der ersten Garnitur der Vollblüter glänzte.

24

ANGELO xx

Geboren:	1962
Lebens-Nr.:	060006562
Züchter:	G. Beyer, Hannover
Farbe:	Hellbraun
Abzeichen:	Flocke
Maße:	169/182/19,5
Gekört:	1967 in Warendorf

Herausragend in Bezug auf die Leistung sind in der italienischen Abstammung des Vaters nur die Vorfahren Ortello und Apelle gewesen.

Mütterlicherseits sieht es zwar auch nicht gerade strahlend aus — aber doch schon viel besser. Da finden sich Namen wie Neckar, Ticino oder gar Oleander, der auch heute noch einer der bedeutendsten Vollblüter deutscher Zucht ist.

			Ortello xx	Teddy xx
		Macherio xx F.		Hollebeck xx
			Mannozza xx	Manna xx
Oliveri xx Hlb.				Moirrhee Rhule xx
			Apelle xx	Sardanapale xx
		Fior d'Orchidea xx B.		Angelina xx
			Osa xx	Havresac II xx
				Olba xx
			Ticino xx	Athanasius xx
		Neckar xx R.		Terra xx
			Nixe xx	Arjaman xx
Antibes xx Db.				Nanon xx
			Oleander xx	Prunus xx
		Alwara xx B.		Orchidee II xx
			Asterella xx	Astérus xx
				Sartella xx

Rennleistung
GAG 87 kg
1964 - 2 Siege, 2 Plätze
1965 - 7 Plätze
1966 - 1 Platz
Angelo xx war 1965 unter anderem Zweiter im Otto-Schmidt-Rennen, im Union-Rennen und im C.-H.-Buer-Preis. Außerdem wurde er im selben Jahr Vierter im Preis von Hoppegarten und Fünfter im Derby.

Gekörte Söhne: Angeli, Anger, Angriff, Anker, Anmarsch, Apart, Apollo, Artus
Töchter: 163 eingetragene Stuten
Staatsprämienstuten: 13
Hauptbuchstuten: 142
1982 waren 121 Angelo xx-Nachkommen im Sport. Davon gewannen 13 Pferde mehr als 1.000 Mark.
Nachkommen-Gewinnsumme 1982: 508.000,-- DM
Gewinnreichster Angelo xx-Nachkomme: Ahlerich - westfälischer Wallach, Weltmeister in der Dressur 1982

Kurz und gut: Angelo xx ist ein Paradebeispiel dafür, daß bei der Verwendung englischen Vollblutes in der Warmblutzucht nicht unbedingt Abstammung und Rennleistung wichtigste Kriterien sein müssen. Die zweite Karriere des Angelo xx als „Angestellter" des Landgestütes Warendorf ist kaum glanzvoller zu denken. Und bei dieser Beurteilung muß der erfolgreichste Sohn Ahlerich, der gemeinsam mit Dr. Reiner Klimke Dressur-Weltmeister geworden ist, nicht allein für seinen Vater stehen. Angelo xx hat sich als Lieferant von Spitzen-Reitpferden in Dressur und Springen, von gekörten Söhnen und sehr guten Stuten einen großen Namen nicht nur im westfälischen Zuchtgebiet geschaffen.

Annemarie Sanders-Keyser belegte bei der Dressur-Europameisterschaft 1983 in Aachen mit dem Ahlerich-Vollbruder Amon den 11. Platz.

Auf der Vollbluthengstschau in Köln errang der Hengst 1966 einen 1a-Preis. Kein Wunder: Er ist in allen Partien korrekt, er verfügt nicht nur für einen Vollblüter über einen erstklassigen Gang.

Anders als bei manchem später ebenso erfolgreichen Vollblut-Hengst, nimmt Angelo xx durch sein Exterieur und seine Größe den Warmblutzüchter von vornherein für sich ein. Er hatte keine großen Probleme, sich auf seiner Deckstelle Amelsbüren bei Münster, wo er von 1967 bis 1982 stand, durchzusetzen. Seine Vererber-Qualitäten machten ihn sehr schnell zu einem höchst begehrten Hengst. Schon in seinen ersten Jahrgängen waren herausragende Pferde zu finden. Regelmäßig werden auf der westfälischen Elite-Auktion eine Reihe von Angelo xx-Kindern angeboten und fast durchweg auch zu Preisen weit über dem Durchschnitt verkauft.

1975 kaufte Dr. Reiner Klimke auf eben dieser Auktion den großen, braunen Angelo xx-Sohn Ahlerich. Dieses Pferd erwies sich als besonders lerneifrig und konnte mit sechs Jahren schon die ersten S-Prüfungen in der Dressur gehen. Inzwischen ist Ahlerich Weltmeister geworden und kann als eines der besten Dressurpferde der Welt gelten.

Angelo xx ist inzwischen auch schon mehrfacher Vater gekörter Hengste. Bei allen sechs bisher gekörten Nachkommen handelt es sich um sehr qualitätvolle Hengste, die ihre Stuten finden. Es kann als gesichert angesehen werden, daß Angelo xx, der 1983 erstmals im Landgestüt aufgestellt war, als Hengstlinienbegründer in die Analen der westfälischen Zucht eingehen wird, auch wenn keiner seiner Söhne bisher die Bedeutung des Vaters zu übertreffen scheint.

Oben: Angelo xx

Unten: Ahlerich (v. Angelo xx) unter
Dr. Reiner Klimke: Weltmeister 1982.

Argentan

Eine Tochter wie die andere
(Hannover)

Man kann lange darüber streiten, ob ein Hengst bedeutender ist, der eine große Zahl von gekörten Söhnen liefert und damit über die männliche Linie starken Einfluß auf die Zucht gewinnt — oder ob der Einfluß über qualitätvolle Stuten auf breiter Basis die Stempelfunktion eines Hengstes unterstreicht.

Die hannoverschen Züchter streiten am Beispiel des Absatz-Sohnes Argentan darüber nicht. Schon heute, zu seinen Lebzeiten, wird der sicherlich wichtigste der vielen guten bis sehr guten Absatz-Söhne als Stempelhengst in der niedersächsischen Zucht betrachtet. Und sicher scheint auch, daß er, ähnlich wie

Duellant oder auch Totilas in der Trakehnerzucht, seine Bedeutung vor allem durch seine Töchter hat. Argentan ist inzwischen zwar auch Vater einiger gekörter Söhne — doch alle diese Hengste verblassen gegen die große Zahl ausgezeichneter Argentan-Töchter. Es ist bestechend, wie ausgeglichen die weiblichen Nachkommen des braunen Hengstes sind, der schon bei der Hengstleistungsprüfung erkennen ließ, daß er auch zu einer beeindruckenden Eigen-Leistung fähig sein würde.

Kein Wunder, daß gleich zwei Argentan-Töchter hintereinander DLG-Siegerstute werden konnten. Argentan selbst, der seit 1971

ARGENTAN

Geboren:	1967 in Niedersachsen
Lebens-Nr.:	310415867
Züchter:	Jürgen Clasen, Hiddestorf, Kr. Verden
Farbe:	Braun
Abzeichen:	Breite i. bd. Nüst. reich. Bl., r. Hf. in. w.
Maße:	165/188/22,5
Gekört:	1969 in Verden

auf der Deckstelle Bargstedt wirkt, ist in der Dressur bis zur Klasse S ausgebildet. Er verfügt aber über eine ebenso gute Springveranlagung.

Von Anfang an war der Hengst, der sich auch in höherem Alter noch durch sehr viel Vitalität und Leistungswillen auszeichnet, bei den Züchtern sehr beliebt. Schon in seinem ersten Deckjahr wurden ihm mit 70 Stuten

	Abglanz	Termit (Trak.)	Hyperion / Technik
		Abendluft (Trak.)	Poseidon / Abfahrt
Absatz		Landeck	Lanzer / St.Pr.St. Alexine H
	Landmoor H	St.Pr.St. Schlinka H	Schlingel / Calka H
	Wohlan	Frustra II	Futurist I / Talwiese H
		St.Pr.St. Friesenamsel H	Frio / St.Pr.St. Fliegerinda H
St.Pr.St. Worms H	Landschaft H	Lateran	Helikon (Trak.) / Latona (Trak.)
		St.Pr.St. Fuchslicht H	Futurist I / St.Pr.St. Filmliebe H

Die Hengstleistungsprüfung Westercelle 1970: Schritt und Galopp sehr gut, Trab gut. Sehr munteres Temperament, intelligent, ausdauernde Konstitution. Sehr gute Rittigkeit, gutes Springvermögen. Begabtes Reitpferd für hohe Ansprüche. Mit 48,26 Punkten wurde Argentan vierter von 15 Teilnehmern.

Gekörte Söhne: Argentinas, Ansas, Artwig, Atheist und zwei weitere gekörte Söhne.
Töchter: 179 eingetragene Stuten
Staatsprämienstuten: 33
Hauptbuchstuten: 161
Zwei DLG-Siegerstuten
1982 waren 110 Argentan-Nachkommen im Sport. Davon gewannen 12 Pferde mehr als 1.000 Mark.
Nachkommen-Gewinnsumme 1982: 166.200,-- DM. Gewinnreichster Argentan-Nachkomme 1982: Itschu Tschuna - braune hannoversche Stute im Besitz von Ursula Scheder-Bieschin: 25.000 im Springen.

weit mehr zugeführt, als ein Junghengst eigentlich decken sollte. In allen Jahren danach war die Deckliste von Argentan immer bis auf den letzten Platz (maximal 100 Stuten) gefüllt. Er steht durch den Einsatz von Gefriersperma aber auch weiteren Stuten und auch Stuten anderer Zuchtgebiete zur Verfügung.

Argentan ist ein Sportpferdetyp. Seine raumgreifenden, elastischen Bewegungen sind bewundernswert — dies hat er seinen Kindern fast durchweg weitergegeben. Zu bemängeln sind die Schulter, die man sich etwas schräger wünschen würde und ein leichtes Nachgeben im linken Vorderfußwurzelgelenk.

Bariton

Senkrechtstarter als Springpferde-Vater
(Westfalen)

Die Springreiter lecken sich die Finger nach Kindern dieses Vaters: Bariton ist ein Star-Vererber, wenn es um den Springsport geht. Den Züchter macht dies allerdings auch ein wenig traurig — viele auch züchterisch sehr gute Bariton-Töchter werden in den Sport abgegeben und können die großartigen Qualitäten, die der Vater ihnen mitgegeben hat, leider nicht oder nur in beschränktem Maß weitergeben.

Bariton ist ein Sohn des Vollblüters Blauspecht xx und einer Tochter des Hengstes Abendwind — eine Blutkombination, die selten anzutreffen ist. Die nur mittlere Größe

gleicht der ausdrucksvolle Dunkelbraune durch ausgezeichnete Breiten- und Tiefenmaße aus. Das Stockmaß von 164 wird weiter relativiert durch ein starkes und korrektes Fundament. Vorbildlich ist Bariton in Takt und Raumgriff. Besonders aber sticht die Springveranlagung des Hengstes ins Auge — er hat sie vielen seiner Nachkommen weitergegeben. Bei der Hengstleistungsprüfung 1971 wurde der Braune Siegerhengst.

Das Jahr 1980 war das wichtigste in der bisherigen Karriere des Hengstes. In der Gewinnsummen-Statistik der Nachkommen kletterte Bariton vom mittelmäßigen 64. Platz auf den

BARITON

Geboren:	1967 in Westfalen
Lebens-Nr.:	410178367
Züchter:	H. W. Poth, Altenbögge-Böhnen
Farbe:	Dunkelbraun
Abzeichen:	üb. r. i. l. Nüst. reich. gr. Bl., Utl. w. Fleck, bd. Vf. unr. w., l. Hf. unr. w.

sechsten. Dies ist natürlich durch seine erfolgreichsten Nachkommen Boyfriend (Wiltfang), Bandit (Fruehmann), und Baroness (Johannsmann) zu erklären. Aber nicht nur durch diese: Viele andere ebenfalls sehr talentierte Bariton-Nachkommen waren in dieser Zeit in das ,,geld-trächtige'' Alter gekommen. Es ist gesichert, daß diese aufsehenerregende Nachkommenleistung anhalten, sich wahrschein-

		Indus xx	Alcantara II xx
	Madjar xx B.		Himalaya xx
		Marjana xx	Janus xx
Blauspecht xx Ldb. Db.			Marie Louise xx
		Gundomar xx	Alchimist xx
	Blaudrossel xx B.		Grossularia xx
		Blaue Adria xx	Ladro xx
			Blaue Blumen xx
		Abessinier Ldb.	Abenteuer Ldb.
	Abendwind Ldb. B.		Silla H.
		St.Pr.St. Nixe H.	Nimrod Ldb.
Anke H. B.			Amsel H.
		Alliierter Pr. H.	Almfürst Pr. H.
	St.Pr.St. Amsel H. F.		St.Pr.St. Hannelore H.
		Mieze H.	Meldeschein Pr. H.
			Fee H.

Hengstleistungs-prüfung: 1971 in Warendorf
Maße: 164/193/21,5
Gekört: 1969 in Münster

Berühmte Nachkommen:

Gekörte Söhne: Barbados, Bartok
Töchter: 81 eingetragene Stuten
Staatsprämienstuten: 1
Hauptbuchstuten: 57
1982 waren 89 Bariton-Nachkommen im Sport. Davon gewannen 13 Pferde mehr als 1.000 Mark.
Nachkommen-Gewinnsumme 1982: 331.800,-- DM.
Gewinnreichster Bariton-Nachkomme 1982: Boyfriend - westfälischer Rapp-Wallach unter Gerd Wiltfang.

lich noch verstärken wird. Der Hengst ist in einem Alter, das noch viele Jahre Deckeinsatz erwarten läßt.

Leider ist er bisher durch die Lieferung gekörter Söhne nicht hervorgetreten. Im Landgestüt Warendorf stehen zwei junge, vielversprechende Söhne, doch über deren züchterische Qualitäten läßt sich bisher noch wenig sagen. Es ist zu hoffen, daß die großen Qualitäten des Hengstes über eine ausreichend breite männliche Basis und eine sichere weibliche Linie in jedem Fall in der Zucht erhalten bleiben.

Birkhahn xx

Wanderer zwischen Ost und West
(Vollblut)

Im selben Jahr, als der schwarzbraune Vollbluthengst Birkhahn zur Welt kam, wurde sein Vater Alchimist xx bei der Besetzung des Hauptgestütes Graditz von einem russischen Soldaten erschossen. Alchimist xx war fraglos eines der besten Rennpferde der deutschen Vollblutzucht. Er gewann unter anderem das Deutsche Derby und die Großen Preise von Baden und Berlin. Zu seinen berühmtesten Nachkommen gehört die Wunder-Stute Schwarzgold, ebenfalls Derby-Siegerin. Sie ist bis heute das beste weibliche Rennpferd aus deutscher Vollblutzucht.

Der einflußreichste Alchimist xx-Sohn ist Birkhahn xx. In seinen vier Rennjahren war Birkhahn 22 mal am Start und hatte 16 mal seine Nase vorn. Er war ein völlig gesundes Rennpferd, das für seinen erstklassigen Endspeed bekannt war. Diesem gewaltigen Speed hatte er auch seinen überlegenen Sieg im Deutschen Derby 1947 zu verdanken.

Im Erscheinungsbild war Birkhahn seinem Vater sehr ähnlich, war aber auch etwas kräftiger und stärker als Alchimist xx, was in erster Linie auf den Erbteil seines Großvaters Herold xx zurückzuführen ist. Birkhahn vereinte im Exterieur Vor- und Nachteile des Vollblüters: Sein Typ verriet Adel und Härte. Sehr gut gestaltet war seine Oberlinie, mit einer gut abfallenden Kruppe. Der ebenfalls gut angesetzte, lange Hals formierte sich aus einer schrägen Schulter. Im Fundament hatte er Mängel: Seine Hinterhand war zwar gewinkelt, stand aber etwas nach hinten heraus und seine Vorder-

BIRKHAHN xx

Geboren:	1945 in Sachsen
Lebens-Nr.:	0051945
Züchter:	Frau M. v. Heynitz, Torgau bei Leipzig
Farbe:	Schwarzbraun
Abzeichen:	ohne
Maße:	—

Dort wurde er wegen seines guten Temperaments und seines ehrlichen Charakters zu einem beliebten und vielbenutzten Beschäler. Er hat eine Reihe erstklassiger Rennpferde geliefert, unter denen Priamos xx, der beste ,,Meiler'' Europas von 1970, an erster Stelle genannt werden muß. Das Gestüt Schlenderhan besitzt in der deutschen Vollblutzucht eine führende Position und weltweit einen erstklassigen Ruf. Birkhahn xx hat einen entscheidenden Teil dazu beigetragen. Er starb am 18. Juni 1965.

Alchimist schwb.	Herold db.	Dark Ronald	Bay Ronald
			Darkie
		Hornisse	Ard Patrick
			Hortensia
	Aversion schwb.	Nuage	Simonian
			Nephté
		Antwort	Ard Patrick
			Alveole
Bramouse b	Cappiello F.	Apelle	Sardanapale
			Angelina
		Kopje	Spion Kop
			Dutch Mary
	Peregrine db.	Phalaris	Polymelus
			Bromus
		Clotho	Sunstar
			Jenny Melton

Berühmte Nachkommen:

Söhne: Akari xx, Blauer Reiter xx, Fioravanti xx, Literat xx, Pallasch xx, Pamino xx, Priamos xx, Vinago xx, Wiesenbaum xx und weitere.
Töchter: 45 eingetragene Stuten

beine waren etwas geschliffen.

Birkhahn xx ging sechsjährig in die Zucht und deckte bis 1959 im Hauptgestüt Graditz als Nachfolger seines berühmten Vaters. In den letzten drei Jahren seines Wirkens in Graditz stand er an der Spitze aller Vollbluthengste in Ostdeutschland.

Auf dem Austauschweg gegen Asterios xx ging Birkhahn dann ins Gestüt Schlenderhan.

Rennleistung

Birkhahn xx lief zwei- bis fünfjährig. Er war 22 Mal am Start und gewann 16 Rennen: Zweijährig: 6 Starts, 6 Siege, unter anderem im Oppenheim-Rennen und im Triumph. Dreijährig: 7 Starts, 6 Siege, unter anderem im Deutschen Derby und im Hoppegartener Henckel-Rennen. Vierjährig: 4 Starts, 2 Siege, unter anderem im Preis der DLG. Fünfjährig: 5 Starts, 2 Siege, unter anderem im Großen Preis der DDR. Gesamtgewinnsumme: 230.000,-- RM, 39.800,-- DM, 29.800,-- DM-Ost. Höchstes Generalausgleichs-Gewicht: 97,5 kg

Cor de la Bryére

Ein Eckpfeiler der Holsteiner Zucht
(Frankreich / Holstein)

Dieser Hengst mit dem schwierigen Namen hat ein neues Kapitel in der Holsteiner Zucht aufgeschlagen: Ähnlich wie der Franzose Furioso II in Oldenburg, traf Cor de la Bryére auf eine Stutenbasis, die sich, wie wir heute wissen, als geradezu ideal für diesen Hengst erwies. Nach den inzwischen berühmten Vollblutnamen in der Zucht Schleswig-Holsteins, haben schon vor vielen Jahren auch weniger interessierte Pferdeleute begonnen, diesen Namen zu buchstabieren: Cor de la Bryére.

Dieser Hengst hat, neben anderen Anglonormännern, schon zu seinen Lebzeiten deutsche Pferdezuchtgeschichte gemacht.

Doch um dies zu erklären, ist es notwendig, ein wenig in der Geschichte der Holsteiner Pferdezucht zurückzublättern. Das Land zwischen den Meeren ist schon immer ein Pferde-Hochzuchtgebiet gewesen. Große, starkknochige Arbeits- und Karrossiertypen lieferte die Holsteiner Zucht in den ersten Jahrzehnten dieses Jahrhunderts. Besonders solide und ausgeglichene Stutenlinien sind in Holstein von alters her gepflegt worden. Nach Ende des Zweiten Weltkrieges traf die Zucht aber auf einen Markt, der die vorhandenen Produkte nicht mehr benötigte. Der Motor begann das Arbeitstier Pferd in rasantem Tempo abzulösen.

Die Zuchtverantwortlichen in Schleswig-Holstein stellten sich schnell auf diese neue Lage ein und gingen, vielleicht mit dem Mut

COR DE LA BRYÉRE

Geboren: 1968 in Frankreich
Lebens-Nr.: 210398168
Züchter: Madame Essayess, Yvre de
              Polaiss/Frankreich
Farbe: Dunkelbraun
Abzeichen: St., l. Hf. w.

der Verzweiflung, den risikoreichsten Weg: Sie setzten zur Veredlung der schweren und starkknochigen Stutenbasis fast ausschließlich auf englisches Vollblut. Andere Zuchtverbände waren vorsichtiger und kalkulierten einen etwas längeren Weg ein, sie selektierten in Richtung Reitpferd oder benutzten den Trakehner, der schon viele Jahrzehnte vorher den

		Foxhunter	Foxlaw
	Foxlight		Trimestral
		Chonia	Saint-Just
Rantzau xx			Barka
		Cavaliese d'Arpino	Havresac II
	Rancune		Chuette
		Rockella	Bishops Rock
			Coquerelle
		Furioso xx	Precipitation
	Lusioso		Maureen
		Riquette	Italien
Quenotte			Mignonne
		Landau	Extravagant
	Vestale du Bois		Victoise
	Margot		
		Kristine du Bois	
		Margot	

Hengstleistungsprüfung: 1971 in Elmshorn
Maße: 166/185/20,0
Gekört: 1971 in Elmshorn

Berühmte Nachkommen:

Gekörte Söhne: Calando I, Calando II, Calando III, Caletto I, Caletto II, Calvados I, Calvados II, Calypso I, Calypso II, Calypso III, Calypso IV, Calypso V, Cansas, Cantares, Capriccio, Casanova, Caracas, Cardinal, Carneval, Caruso, Cinzano, Condino, Constant, Convent, Corland, Cortino I, Cortino II, Corvado.
Töchter: 86 eingetragene Stuten
Staatsprämienstuten: 34
Hauptbuchstuten: 86
1982 waren 121 Cor de la Bryére-Nachkommen im Sport. Davon gewan-

nen 23 Pferde mehr als 1.000 Mark. Nachkommen-Gewinnsumme 1982: 315.400,-- DM
Die erfolgreichsten Cor de la Bryére-Nachkommen 1982: Costa - braune Holsteiner Stute unter Michael Rüping: 11.700,-- Mark in Springprüfungen. Caletto I - brauner Holsteiner-Hengst unter Michael Rüping: 11.400,-- Mark in Springprüfungen. Contrast - das gewinnreichste deutsche Vielseitigkeitspferd 1982 unter Herbert Blöcker: 4.600,-- Mark.

Oben: Cor de la Bryére unter
Herbert Blöcker.

Unten: Costa (v. Cor de la Bryére) unter
Dr. Michael Rüping.

Oben: Contrast — gewinnreichstes
deutsches Vielseitigkeitspferd unter
Herbert Blöcker.

Unten: Caletto — Mannschafts-Bronze bei
der Europameisterschaft 1983 in Hickstead.

Typ des Reitpferdes darstellte. Letztendlich kann der Holsteiner Weg als erfolgreich angesehen werden, wobei er immer mit Gefahren hinsichtlich des Temperaments, des Kalibers und der Verdrängung des vorhandenen, konsolidierten Blutes verbunden war.

Ende der sechziger bis Mitte der siebziger Jahre schien die Veredlung des Holsteiner Pferdes durch englisches Vollblut mehr oder weniger abgeschlossen zu sein. Pferde aus Holstein glänzten auch international durch ein herausragendes Springvermögen.

Es mußte nun darauf ankommen, das Erreichte zu festigen, die Produkte der Zucht durch noch elastischere Gänge mit viel Raumgriff und noch mehr Rittigkeit weiter zu verbessern. Die Zuchtleitung in Kiel entschloß sich, dazu eine Kombinationskreuzung mit Hengsten der anglo-normannischen Rasse einzuleiten.

Die Normandie ist klimatisch mit Schleswig-Holstein vergleichbar. Der Anglo-Normanne bietet neben einer sehr gefestigten bodenständigen Blutgrundlage den direkten Anschluß an das englische Vollblut.

Diese Verbindung hat sich als Glücksfall erwiesen. Und in erster Linie zum Stempelhengst ist der Dunkelbraune Cor de la Bryére geworden, der schon zu seinen Lebzeiten mehr als 30 gekörte Söhne und fast 100 ausgezeichnete Stuten zu seinen Nachkommen rechnen kann.

Der Hengst wurde 1971 in Frankreich gekauft und im gleichen Jahr in Elmshorn gekört. Die Hengstleistungsprüfung in Elmshorn, ebenfalls im Jahr 1971, beendete er als Siegerhengst, was allerdings bei der Teilnehmerzahl von weiteren vier Hengsten keine große Aussagekraft haben kann. Doch schon damals fiel der Dreijährige durch seine große Eigenleistung auf. Er bestach durch eine fast sensationelle Springtechnik verbunden mit ganz großem Vermögen. Gewaltiges Springvermögen war auch damals schon in der Holsteiner Zucht verankert. Cor de la Bryére sorgte zusätzlich für ausgefeilte Technik verbunden mit optimaler Bascule. Seine Galoppade ist stets ausbalanciert, seine Art, sich zu bewegen rationell, die Leichtrittigkeit gekoppelt mit einem hervorragenden Temperament bilderbuchhaft.

Der Zulauf zu diesem Hengst im ersten Jahr seines Deckeinsatzes auf der Zentralstation Siethwende, wo er bis heute zuhause ist, war mittelmäßig. Doch schon durch seinen ersten Fohlenjahrgang schaffte der Hengst den Durchbruch bei den Züchtern. Dieser Jahrgang war so überzeugend und in der Vererbung durchschlagend, daß Cor de la Bryére von diesem Zeitpunkt ab zu einem der gefragtesten Väter Holsteiner Pferde wurde. Die schon bei den Fohlen erkennbaren guten Eigenschaften bestätigten sich bei den volljährigen Pferden, wobei der flüssige, raumgreifende Bewegungsablauf, die zweckmäßige Bemuskelung — vor allem im Nieren- und Kruppenpartie — sowie die Typtreue im Ausdruck besonders anzusprechen sind.

Schon 1976 stellte der französische Hengst mit Carneval den Sieger der Hengstkörung in Neumünster, die beste Zweijährige der Verbands-Stutenschau und mit 80 000 Mark das teuerste Pferd der Reitpferde-Auktion. Schon bald ließen die Nachkommen auch im Sport erkennen, daß sie die überzeugende Springmanier des Vaters mitbekommen hatten. In den Springpferdeprüfungen gelang es schon bald, mit den Nachkommen dieses Hengstes in die deutsche Spitzengruppe vorzustoßen. Heute haben sich die Cor de la Bryére-Nachkommen längst auch im großen Sport durchgesetzt.

Die Zahl der eingetragenen Stuten des Hengstes nimmt sich gegen die große Zahl der gekörten Hengste, die in vielen anderen deutschen Landeszuchten sehr begehrt sind, verhältnismäßig klein aus. Dies liegt nicht daran, daß der Hengst als „Stuten-Macher" keine Bedeutung hat, sondern vielmehr daran, daß die Nachkommen des Dunkelbraunen im Sport sehr beliebt sind und als Reit- und Sportpferde durchweg sehr hohe Preise erzielen, was einer Einstellung in die Zucht natürlich entgegensteht. Die Qualität auch der weiblichen Nachkommen von Cor de la Bryére läßt sich schon allein an der Tatsache ablesen, daß sich unter den eingetragenen Stuten des Hengstes ausschließlich Hauptstutbuch-Stuten befinden, von denen fast die Hälfte mit einer Staatsprämie ausgezeichnet wurde.

Im Jahr 1983 haben die Nachkommen des Hengstes im Sport weit über 100 000 Mark verdient. Dies ist ein Spitzen-Ergebnis — doch sicherlich noch nicht der Höhepunkt. Es ist abzusehen, daß die Söhne und Töchter des Franzosen noch größere Bedeutung innerhalb des Sports bekommen werden. Wohl nur wenige Hengste in der Nachkriegs-Geschichte der deutschen Pferdezucht verdienen eher den Ehrentitel Stempelhengst als dieser intelligente und geschmackvolle Halbblut-Sohn aus dem Nachbarland Frankreich.

Calypso III unter Thomas Mohr — ein Spezialist für Springpferdeprüfungen.

Corsaro

Mit viel amerikanischem Blut
(Traber)

Er ist der Zweite nach Permit. Aber das will für einen Zeitraum seit dem Zweiten Weltkrieg schon etwas heißen. Corsaro, der im Jahr 1953 in Schleswig-Holstein geboren ist, hatte seine großen Rennerfolge auf der Trabrennbahn in den ersten Jahren seines Lebens. Nach vielen wichtigen Siegen hat er später keines der großen Rennen mehr gewonnen. Insgesamt muß dieser Hengst aber nach Permit als der bedeutendste Traber-Hengst nach dem Zweiten Weltkrieg angesehen werden.

Corsaro war ein eleganter Hengst mit einer guten Oberlinie. Er hatte einen schwungvollen Gang mit gutem Schritt bei einem ebenfalls guten Fundament. Im Vorderbein war er vor allem links etwas verstellt, dagegen war das Hinterbein gut. Etwas mehr Ausdruck hätte man ihm gewünscht.

Corsaro war Sohn des großartigen Rennpferdes Miramus (D), der Sieger in so bedeutenden internationalen Rennen wie Matadoren-Rennen, Gladiatoren-Rennen oder Großer Preis von Recklinghausen gewesen war. Miramus stammte von dem amerikanischen Import-Hengst Muscletone, der in den Staaten dreijährig über eine Meile 2:02 gelaufen war und international große Bedeutung erlangt hat. Corsaros Großmutter Miriam (D) ist ebenfalls Tochter eines amerikanischen Import-Hengstes: Walter Dear, der zwischen den beiden Weltkriegen wohl der für die Zucht in Deutschland bedeutendste Deckhengst aus den Vereinigten Staaten war.

Corsaros Mutter Coronia (D) war ein Klasse-Rennpferd über alle Distanzen. Sie siegte in vielen Zuchtprüfungen und war nach dem

CORSARO

Geboren:	1953 in Schleswig-Holstein
Lebens-Nr.:	10008
Züchter:	Theodor Frahm, Bünzen
Farbe:	Dunkelbraun
Abzeichen:	l. Hfs. w.
Maße:	Stockmaß 157
Gekört:	1959 in Bünzen

		Mr. McElwyn	Guy Axworthy	
	Muscletone (A.Tr.)		Widow Maggie	
Miramus (D.Tr.)		Ruth M. Chenault	Peter Chenault	
			Ruth Mainsheet	
	Miriam (D.Tr.)	Walter Dear (A.Tr.)	The Laurel Hall	
			Blitzie	
		Mocasin Volo (A.Tr.)	Peter Volo	
			Mocasin	
		Peter Volo	Peter the Great	
	Brother Hanover (A.Tr.)		Nervolo Belle	
Coronia (D.Tr.)		Sister Bertha	Dillon Axworthy	
			Miss Bertha C.	
		The Great Mid-west (A.Tr.)	Peter the Great	
	Dorovna		Nervolo Belle	
		Adelheid P. (D.Tr.)	Meum (D.Tr.)	
			Tollkirsche (D.Tr.)	

Rennleistung

Corsaro errang bei 36 Starts 26 Siege und 8 Plätze. 98.700,-- DM Gewinnsumme/ 1:20,3 Rekord. Er war als Drei-jähriger u.a. siegreich im Deutschen Traber-Derby, im Deutschen Traber St. Leger, sowie im 3-jährigen Prüfungspreis. Ein Jahr später siegte er im Criterium der Vierjährigen und im Preis der Vier-jährigen.

Berühmte Nachkommen:

Gekörte Söhne: Ast, Corsio, Diomedes, Dohle, Erbprinz Udo, Jack, Jaipur, Matrose, Pilot, Storaso, Veit, Viterbo. Töchter: 273 eingetragene Stuten Corsaro hat 577 im Trabrennsport eingetragene Nachkommen. 479 von ihnen nahmen bisher erfolgreich an Trabrennen teil und gewannen zusammen 19.573.250,-- Mark (Stand: März 1983). Corsaro ist unter anderem Vater der Derby-Siegerin Violine 1969. Sein jüngster Jahrgang war erst 1983 startberechtigt.

Zweiten Weltkrieg das erste deutsche Traberpferd, das international startete. Die Stute hat sich bestens vererbt. Corsaro war das beste Pferd seines Jahrgangs. Bis zu seinem vierten Lebensjahr gewann er so ziemlich alles, was gut und teuer ist.

Die Nachkommen des Hengstes zeichnen sich durch große Härte und Einsatzbereitschaft aus. Von 1969 bis 1974 war Corsaro Champion der Vaterpferde in Deutschland. Vor allem über seine Töchter hat der Hengst große Verbreitung in der Zucht erlangt. Unter anderem ist Corsaro Vater der Derbysiegerin Violinie 1969. Von seinen Söhnen konnten bisher nur wenige die in sie gesetzten Erwartungen erfüllen.

Damhirsch

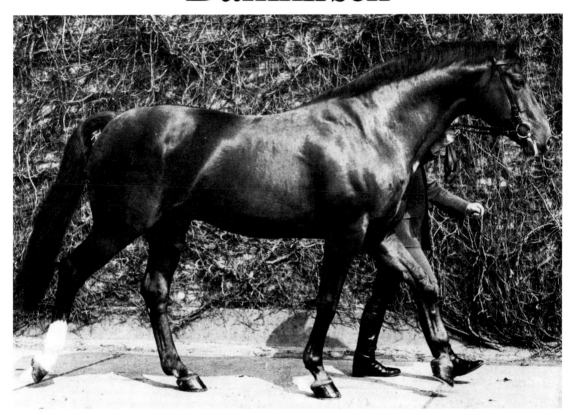

Viele Super-Töchter — wenig Söhne
(Hannover/Westfalen)

Der noble Fuchshengst Damhirsch ist 1982 an Altersschwäche eingegangen. Er war 20 Jahre alt geworden und hat für die westfälische Zucht herausragende Bedeutung erlangt — es muß nun abgewartet werden, ob sein Erbgut im männlichen Stamm Bestand haben kann. Denn leider hat Damhirsch sich als Vater von gekörten Hengsten nicht hervorgetan. Nur drei gekörte Söhne sind von ihm verzeichnet, von denen der Hengst Damenstolz jüngst in den Hengstbestand des Landgestütes Warendorf aufgenommen worden ist.

Damhirsch war ein klassischer Stuten-Vater.

Der Fuchshengst selbst, ein Duellant-Enkel, in Niedersachsen geboren, war ausgespro-

chen groß ausgelegt und sehr gut konturiert. Edler Kopf, guter Reithals, gefällige Oberlinie und eine auffallend muskulöse Kruppe. Die Ausprägung seiner Gelenke konnte nur befriedigen — ein notwendiger Abstrich, den man bei einem solch großrahmigen Hengst machen muß.

Damhirsch war gleichermaßen ein Vererber von Pferden, die im Dressur, — wie im Springsport sehr erfolgreich waren.

Auch er selbst bestach durch eine ausgezeichnete Eigenleistung auf beiden Gebieten. Seine Bewegungen waren vorzüglich — besonders im Trab hatte er eine große Stärke. Dressurmäßig wurde der Hengst bis zur Klasse S gefördert. Bemerkenswert waren aber

42

DAMHIRSCH

Geboren:	1962 in Niedersachsen
Lebens-Nr.:	410163362
Züchter:	Redalf Habben, Cuxhaven-Altenbruch
Farbe:	Fuchs
Abzeichen:	w. Sth., r. Hf. w.

auch seine Willigkeit und seine gute Manier beim Springen.

Als Absetzer war Damhirsch nach Westfalen verkauft worden, er ist in Steinhagen aufgezogen worden (Minna Schlichte) und in Münster 1964 gekört. Von 1965 bis 1974 war er in Warendorf aufgestellt, bis zu seinem Tod

		Dolman	Detektiv
			Aussicht (H)
	Duellant F.		Foliant
		Forstweihe (H)	Schnepfenjagd (H)
Duft I (Celle) Db.			Goldammer II
		Gote	Flachdach (H)
	Gotensage Hann. S. (H) Db.		
			Flügelmann I
		Flügelmücke (H)	St.Pr.St. Falznerin (H)
		Oleander xx	Prunus xx
			Orchidee II xx
	Marabou xx B.		Sunstar xx
		Madam xx	Signorina xx
Majorin Hann. S. (H) F.			
		Abendsport	Alkoven I
			Stiefmutter (H)
	Abendlaube (H) F.		Fronhof
		St.Pr.St. Fürstenlaube (H)	
			Gilberta (H)

Zugleistungsprüfung: 1965 in Warendorf
Maße: 167/186/21,7
Gekört: 1964 in Münster

Berühmte Nachkommen:

Gekörte Söhne: Deichgraf, Dakapo, Damenstolz
Töchter: 198 eingetragene Stuten
Staatsprämienstuten: 42
Hauptbuchstuten: 176
und mehrere DLG-Ausstellungsstuten
1982 waren 106 Damhirsch-Nachkommen im Sport. Davon gewannen 8 Pferde mehr als 1.000 Mark.
Nachkommen-Gewinnsumme 1982: 341.200,-- DM

hatte er seine Deck-Station dann in Geisecke/Schwerte.

Die Abstammung des Hengstes väterlicherseits über Duft-Duellant spricht für sich. Doch auch mütterlicherseits führt Damhirsch sehr interessantes und bewährtes Blut. Die Mutter Majorin stammt vom Vollblüter Marabou xx, der ein Sohn des in der deutschen Vollblutzucht wichtigen Hengstes Oleander xx ist. Die Großmutter von Damhirsch mütterlicherseits ist aus einer konsolidierten hannoverschen Linie gezogen (Abendsport-Alkoven I).

Fuchshengst Damenstolz (v. Damhirsch), geb. 1979.

Neben besten Zuchtstuten, die Damhirsch geliefert hat, finden sich viele elegante und elastische Reitpferde mit zum Teil großen Erfolgen in allen Disziplinen des Sports unter seinen Nachkommen. Mehrfach stellte der Hengst die jahrgangsbesten Zuchtstuten in Westfalen und hat auf dieser Seite seiner Karriere zweifellos die größten Erfolge aufzuweisen. Auch auf überregionalen Schauen hinterließen Damhirsch-Töchter einen nachhaltigen Eindruck. Mehrere Töchter des Fuchses erhielten auf DLG-Schauen 1a-Preise.

Damhirsch wird in der westfälischen Zucht als einer der wertvollsten Verbreiter und Erhalter des bewährten Duellant-Blutes angesehen. Seine erfolgreichen Nachkommen in Dressur und Springen sicherten ihm einen guten Platz in der Leistungsstatistik. In den Stutenstämmen ist sein Blut breit verankert und wird auch in Zukunft noch sehr große Bedeutung haben. Von den knapp 200 eingetragenen Stuten sind fast ein Viertel mit einer Staatsprämie ausgezeichnet.

Damhirsch gehört, das ist unzweifelhaft, zu den wichtigsten Vererbern in der westfälischen Zucht nach dem Zweiten Weltkrieg, auch wenn seine Zuchtleistung auf den ersten Blick nicht so imposant erscheint, wie die anderer, spektakulärerer Hengste.

Doch davon sollte man sich in der Bedeutung gerade dieses Hengstes nicht täuschen lassen. Die positive Hinterlassenschaft für die westfälische Zucht ist noch gar nicht endgültig abzuschätzen. Er hat sich vor allem durch solide Fundamente, durch Stuten, die im Erhalter- und Bewahrertyp stehen, verdient gemacht. Sein Einfluß wird dazu beitragen, daß Substanz und Kaliber, verbunden mit Adel und großen Bewegungen sicher erhalten bleiben. Der breite Erfolg dieses Hengstes ist seine wirkliche Bedeutung. Dies zeigt sich auch darin, daß sich unter seinen Nachkommen nicht nur einige wenige befinden, die im Spitzensport für die imponierende Nachkommen-Gewinnsumme sorgen, sondern daß diese Summe von vielen gleichermaßen gut veranlagten Pferden „erwirtschaftet" wird.

Damhirsch unter Obersattelmeister Kukuk.

Der Löwe xx

So wie er hieß, war er auch
(Vollblut/Hannover)

Nach der erfolgreichen Rennlaufbahn (Sieger in den Großen Preisen von Baden und Frankfurt) hatte Der Löwe xx seinen ersten Fehlstart: Im vorletzten Kriegsjahr war der Sohn des großen Wahnfried xx im Kölner Gestüt Röttgen zur Welt gekommen und 1951 nach fünf Rennjahren an das Landgestüt Celle abgegeben worden - die Züchter brachten ihm jedoch bald nicht mehr viele Sympathien entgegen. Die ersten Kinder von Der Löwe xx erwiesen sich als schwierig, oft als ungebärdig und besonders empfindlich unter dem Sattel.

Der Löwe xx ist trotzdem in mehr als zwei Jahrzehnten Deckeinsatz im hannoverschen Zuchtgebiet zu einem der wichtigsten Hengste in dieser Landeszucht und in der gesamten deutschen Pferdezucht nach dem Krieg geworden. Bis 1973 wirkte der Hengst in der Zucht. Erst 29jährig mußte er aus Altersgründen im Jahr darauf eingeschläfert werden. Sein Skelett steht heute im Pferdemuseum in Verden und wird noch spätere Züchter-Generationen an die herausragende Bedeutung dieses eigentlich kleinen Vollblüters erinnern.

Der Löwe xx war eine Hengst-Persönlichkeit, die ihrem Namen wirklich Ehre machte. Der Hengst war von majestätischem und herrischem Auftreten — diese Eigenschaften gab er meistens auch an seine Kinder weiter. Der Löwe-xx-Nachkommen sind niemals etwas für Blender im Sattel gewesen. Sie mußten konsequent und mit viel fachlichem Verstand angefaßt werden. Dann aber waren sie zu großen Leistungen fähig. Genau wie der Vater

DER LÖWE xx

Geboren:	1944
Lebens-Nr.:	060029744
Züchter:	Gestüt Röttgen, Eilerstr., Köln
Farbe:	Dunkelbraun
Abzeichen:	St. m. Schnp., r. Hf. w.
Hengstleistungsprüfung:	keine
Maße:	158/176/19,5
Gekört:	1951

verfügten sie über große Kämpferherzen, verbunden mit viel Elastizität.

An Der Löwe xx selbst bestach schon auf den ersten Blick das Auge. Da war alles drin, was ein Pferdemann vom Auge eines Leistungsvererbers erwartet. „Wer diesen Hengst einmal gesehen hat, vergißt ihn nie mehr." Nicht nur ein großer Pferdemann hat Der Löwe xx so gekennzeichnet.

Der Vollblüter maß nur ein Stockmaß von 158 Zentimeter. Doch besonders entscheidend an seinem Exterior waren die gute Schulter und die ausgezeichnete Sattellage.

		Tracery xx	Rock Sand xx
			Topiary xx
	Flamboyant xx		St. Simon xx
		Simonath xx	Philomath xx
Wahnfried xx			Pardon xx
		Kottingbrunn xx	Komamasszony xx
	Winnica xx		Gouvernant xx
		Orsza xx	Tempete xx
			Bay Ronald xx
		Dark Ronald xx	Darkie xx
	Herold xx		Ard Patrick xx
		Hornisse xx	Hortensia xx
Lehnsherrin xx			Galtee More xx
		Fervor xx	Festa xx
	Lapis Electrix xx		Marta Santa xx
		Leben u. Leben lassen xx	
			Line of Life xx

Rennleistung

Der Löwe xx lief 2- bis 7-jährig. Er gewann bei 32 Starts 8 Rennen. Unter anderem gewann er 1948 den Großen Preis von Baden und den Großen Preis von Frankfurt. Insgesamt gewann er 101.400 Reichsmark und 29.550,-- DM.

Gekörte Söhne: Jelum, Labrador, Leu, Lindberg, Löwensohn, Löwenstein, Lohmann, Lugano I, Lugano II, Luxus
Töchter: 201 eingetragene Stuten
Staatsprämienstuten: 23
Hauptbuchstuten: 184
1982 waren 40 Der Löwe xx-Nachkommen im Sport. Davon gewannen 12 Pferde mehr als 1.000 Mark.
Nachkommen-Gewinnsumme 1982: 845.000,-- DM

Die erfolgreichsten Der Löwe xx-Nachkommen: Liostro - hann. Fuchs-Wallach unter Karin Schlüter: Olympische Dressurprüfung München 1972 (Mannschafts-Silber). Löwenstern - hann. Wallach unter Nils Haagensen/Dänemark: Olympische Dressurprüfung Montreal 1976. Lucky Boy - hann. Wallach unter Marjolyn Greeve/Niederlande: Olympische Dressurprüfung Montreal 1976.

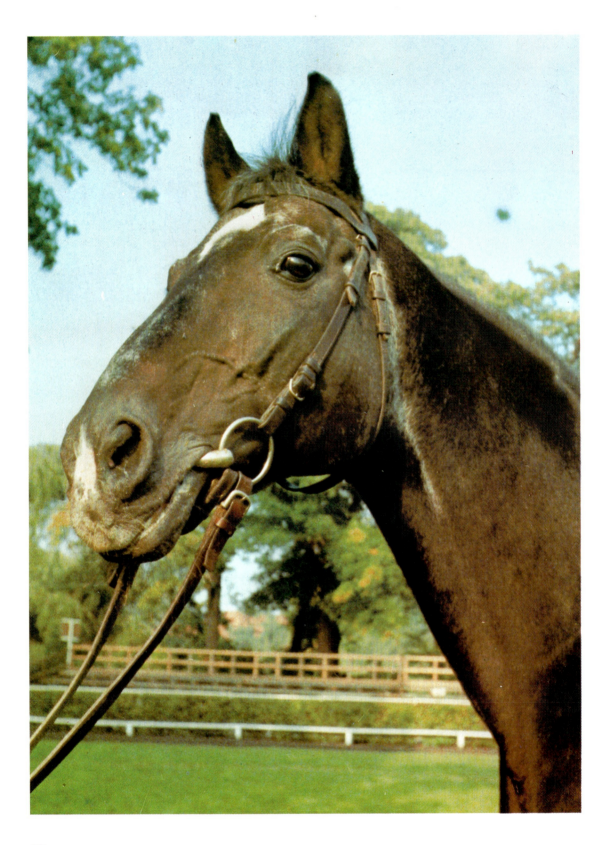

An die meisten seiner Kinder, die weit über 800 000 Mark in allen Disziplinen des Reitsports verdienten, hat Der Löwe xx diese überaus gut gelagerte Schulter weitergegeben.

Nachdem die ersten Nachkommen von Der Löwe xx das schwierigere Temperament erkennen ließen, gingen die Bedeckungszahlen des Hengstes erst einmal zurück. Doch schon bald zeigte sich wieder einmal, daß ein eigenwilliges Temperament oft auch mit besonders großem Leistungsvermögen und -willen verbunden ist. Bei den Der Löwe-xx-Nachkommen war dies in hohem Maß der Fall, wie viele Olympia-Pferde in unterschiedlichen Disziplinen später beweisen sollten.

Die meisten Nachkommen dieses Vollblüters, dessen Name vor allem in den sechziger Jahren in aller Munde war, haben den großen Rahmen des Vaters geerbt und sind vor allem bei Anpaarung mit kalibrigen Stuten auch in der Größe den heutigen Maßstäben entsprechend.

Der Löwe xx ist fraglos einer der wichtigsten Stempelhengste der hannoverschen Zucht. Er hat weiterhin sicherlich als der erfolgreichste Vererber mit englischem Vollblut in den Adern für die gesamte Warmblutzucht in der Bundesrepublik überragende Bedeutung. Seine Qualitäten hat er gleichermaßen im Sport und in der Zucht hinterlassen.

Die erfolgreichen Sportpferde, die ihn zum Vater haben und im ganz großen Sport erfolgreich waren, sind Legende. Von über 200 Stuten sind fast alle ins Hauptstammbuch eingetragen worden, von den gekörten Söhnen ist sicherlich Lugano I der wichtigste.

Domspatz

Die eigenen Fehler bald verziehen (Hannover)

Die eigenen Daten machen den Hengst Domspatz nicht gerade zu einem Star unter den Hengsten in Hannover. Die Hengstleistungsprüfung beendete er mit zufriedenstellendem Erfolg als Zehnter unter 26 Konkurrenten — das ist kein schlechtes, aber auch kein berauschendes Ergebnis. Seine Noten waren mittelmäßig: befriedigend im Trab, gute Schrittlänge, guter Galopp, springt mit viel Herz…

Auch seine Exterieur-Beurteilung reißt niemanden vom Stuhl. Es ist gar keine Frage: Domspatz war für seine Zeit ein überaus großer Hengst. Und diese Größe hat zu einer Reihe von Exterieur-Fehlern geführt, die der Hengst aber durch viele andere Vorzüge wieder ausgeglichen hat.

Domspatz ist 1952 geboren. Bei der Körung zwei Jahre später in Verden maß er schon 166 Zentimeter Stockmaß (später 168) und hatte eine Röhrbeinstärke von 22,1. Das sind Maße, die heute einem Hengst gut anstehen. Domspatz wurde gekört, weil er versprach, ein Leistungsvererber zu werden — und diese Hoffnungen hat er auch nicht enttäuscht. Im Gegenteil: Der Hengst ist weit bedeutender geworden, als damals, Mitte der fünfziger Jahre, erwartet worden war.

Domspatz war, wie schon erwähnt, ein für seine Zeit sehr großer Hengst. Er verband diese Größe aber auch mit viel Ausdruck. Er hatte einen gut angesetzten und schön getragenen Hals, der in einem ausdrucksvollen Kopf, mit großem und lebendigen Auge, endete. Dom-

DOMSPATZ

Geboren:	1952 in Niedersachsen
Lebens-Nr.:	310391052
Züchter:	Hans Meyer, O. E. Lüdingworth, Kr. Land Hadeln
Farbe:	Rappe
Abzeichen:	hi. re. w. Kronenrand
Maße:	168/186/22,1
Gekört:	1954 in Verden

spatz verfügte zwar über viel Widerrist, der war allerdings etwas zu weit vorn angesetzt. Auch seine Schulter hätte weniger steil sein dürfen. Trotz etwas mattem Rücken und wenig Niere konnte dem Hengst eine gute Oberlinie nicht abgesprochen werden. Etwas mehr Tiefe und Rippenwölbung hätte man ihm aber gewünscht. Dagegen war seine Muskulatur ausgezeichnet ausgeprägt. An der Fundament-Stärke wäre auch unter heutigen Verhältnissen nichts zu kritisieren gewesen, der Vorderfuß von Domspatz war gut, der Stand hätte aber etwas fester sein können. Die Hinterbeine des Rapp-Hengstes waren etwas her-

Dömitz I	Dollart	Dolman	Detektiv
			Aussicht H
		Flottenauslauf H	Florett
			Ammecke H
	St.Pr.St. Aleppo H	Altlobitz	Althof
			Lingen H
		Amarilla H	Allerding I
			Anetzka H
Grafenhaus H	Graf	Goldfisch II	Goldammer II
			Flugamme H
		St.Pr.St. Flußspat H	Flugfeuer I
	Feinköpfchen H	Feiner Kerl	Neafenda H
			Fling
			Kebansa H
		St.Pr.St. Goldköpfchen H	Goldring II
			S 3804

Hengstleistungsprüfung Westercelle 1955: Prüfung im Traberkarren: Befriedigende Trabzeit, gute Schrittlänge. Prüfung im Gelände: Guter Galopp, springt mit viel Herz, ausreichend in der Zeit. Prüfung vor dem Zugschlitten: Der Hengst absolvierte die Zugstrecke bei guter Schrittlänge in der Zeit mit sehr gutem Stil. Trainingsbefund-Note: 1,20 - Tierärztliche Verfassungs-Note: 1,35 - Endergebnis: 20,20 Punkte, Platz 10 von 26 Hengsten.

Berühmte Nachkommen:

Gekörte Sohne: Diskus, Domschatz und weitere
Töchter: 254 eingetragene Stuten
Staatsprämienstuten: 13
Hauptbuchstuten: 223
1982 waren 69 Domspatz-Nachkommen im Sport. Davon gewannen 14 Pferde mehr als 1.000 Mark.
Nachkommen-Gewinnsumme 1982: 615.500,-- DM

ausgestellt. Auch am überaus schwungvollen Gang des Hengstes in allen Grundgangarten war auszusetzen, daß er etwas zehig war.

Alle diese Fehler glich Domspatz durch besonders viel Rittigkeit aus, die er den meisten seiner Nachkommen mitgab.

Schon in der Leistungsprüfung — die damals noch nach anderen Kriterien durchgeführt wurde — war das enorme Springtalent dieses Hengstes aufgefallen. Dies machte Domspatz später weit über die Grenzen des Zuchtgebietes Hannover bekannt. Er hat fraglos als Springpferde-Vererber internationalen Ruf erlangt. Einige Dutzend seiner Nachkommen wurden zum Teil zu aufsehenerregenden Preisen über die Auktionen in Verden verkauft.

1978 mußte Domspatz getötet werden. Bis 1960 hatte er auf der Deckstelle Großenwörden gewirkt, bis 1964 stand er in Harsefeld, zwei Jahre danach in Kehdingbruch und von 1968 bis zu seinem Tod in Splietau.

Noch Jahre nach dem Tod des Hengstes mit der schönen Rappfarbe waren viele seiner Nachkommen erfolgreich im Sport. Die Beliebtheit der Domspatz-Nachkommen vor allem im Springsport, hat es sicherlich verhindert, daß noch mehr Stuten dieses Hengstes in die Zucht eingestellt wurden, vielleicht auch die Zahl seiner gekörten Söhne begrenzt. Trotzdem erfreuen sich die Domspatz-Söhne großer Beliebtheit bei den Züchtern und werden hoffentlich die erfolgreiche Linie des Vaters in ausreichender Breite weiterführen können.

Der Dömnitz I-Sohn Domspatz war ein Springpferdevererber von internationalem Rang.

Oben: Das Muskelpaket Domspatz in gewaltiger Aktion im Paddok des Landgestüt Celle.

Unten: Diskus, der einzige Domspatz-Sohn in Celler Diensten.

Don Carlos

Und plötzlich wird ein Prinz daraus
(Hannover)

Eigentlich war es schon ein recht unschein-
bares Bürschchen, dieser mittelgroße,
schwarzbraune Don Carlos, der 1964 in Verden zur Körung gestellt wurde. Auf kräftigen
Gelenken und einem guten Fundament stand
ein Pferd, das noch lange nicht in seine vielversprechende Jacke gewachsen war — deutlich erkennbar auch an noch wenig Hengstausdruck.

Kein Wunder, daß der schlaksige Kerl dann
auch in der Hengstleistungsprüfung nicht gerade glänzte. Er hatte Mühe und wurde in Westercelle 13. von 14 Prüfungs-Kandidaten —
natürlich ist das keine Empfehlung für eine erfolgreiche Beschälerlaufbahn.

Don Carlos wurde 1966, ein Jahr nach der
Prüfung, trotzdem in den Bestand des Land-

gestütes Celle aufgenommen. Dies sollte zu
einem Glücksgriff werden, denn inzwischen
hatte sich schon angedeutet, daß aus dem unscheinbaren Bürschchen ein Prinz werden
würde.

Die Abstammung sprach schon für sich:
Don Carlos ist ein Sohn des DLG-Siegers Do-
minik, seine Mutter Fasanenmoos von Farina-
Fahnenträger war in der Zucht bewährt.

Vor allem Springblut war hier zusammenge-
kommen. In dieser Hinsicht hatte Don Carlos
dann auch eine beeindruckende Beschäler-
Laufbahn vor sich. Er geriet nach einigen Jahren des Deckeinsatzes zu einem absoluten
Star unter den Hengsten des Landgestütes
Celle. Seine Deckliste war immer bis auf den
letzten Platz besetzt, nachdem sich seine er-

DON CARLOS

Geboren:	1962 in Niedersachsen
Lebens-Nr.:	310408862
Züchter:	Ernst Clüver, Völkersen, Kr. Verden
Farbe:	Schwarzbraun
Abzeichen:	Kl. St., kl. Schp., bd. r. Fs. w., l. Hf. w.

sten Nachkommen auf den Turnierplätzen gezeigt hatten. Fast alle bestachen durch enormes Springvermögen bei sehr guter Manier.

Der großrahmige Hengst erreichte ein Stockmaß von 165 bei einem Röhrbeinumfang von 21,6 Zentimetern. Er wirkte aber durch sehr viel Rahmen und gutes Kaliber viel mächtiger und bedeutender. Seit 1966 hatte er seine Beschäler-Box in Großenwörden, wo er im Jahr 1981 leider notgetötet werden mußte.

In den 16 Jahren seines Zuchteinsatzes hat

		Dollart	Dolman
	Dömitz I		Flottenauslauf H
			Altlobitz
		St.Pr.St. Aleppo H	
Dominik			Amarilla H
		Abendsport	Alkoven
	St.Pr.St. Abendglück H		Stiefmutter H
		Asetta H	Almjäger I
			Goldpost H
			Charm
		Fahnenträger (Ostpr.)	
	Farina		Fahne VI
		Talwiese H	Tanera
			Fliegenfängerin H
Fasanenmoos H		Filmkönig	Feiner Kerl
			Ehre H
	St.Pr.St. Flottenmanöver H		
		Sabidera H	Schwede III
			Mädchen H

Hengstleistungsprüfung: 1965 in Westercelle
Maße: 165/189/ 21,6
Gekört: 1964 in Verden

Gekörte Söhne: Dakar, Domfalk, Domino, Domlöwe, Donar, Donator, Don Camillo, Don Carlo, Don Juan I, Don Juan II, Don Pedro, Donkosak, Dorian, Dynamo und 4 weitere gekörte Söhne.
Töchter: 217 eingetragene Stuten
Staatsprämienstuten: 31
Hauptbuchstuten: 205
1982 waren 116 Don Carlos-Nachkommen im Sport. Davon gewannen 19 Pferde mehr als 1.000 Mark.
Nachkommen-Gewinnsumme 1982: 557.500,-- DM
Gewinnreichster Don Carlos-Nachkomme 1982: Diavolo - brauner hann. Wallach im Besitz des DOKR: 27.000,-- DM in Springprüfungen.

Don Carlos neben vielen außerordentlich erfolgreichen Sportpferden auch eine große Reihe von gekörten Söhnen hinterlassen, die unter den Züchtern nicht nur im hannoverschen Zuchtgebiet sehr beliebt sind. Don Carlos-Blut ist für Jahre „das Spring-Blut" überhaupt gewesen und hat sich auch international durchgesetzt.

Don Carlos hat in den Jahren seiner Beschäler-Tätigkeit rund 1300 Stuten gedeckt, daraus sind 770 Nachkommen entstanden. Don Carlos ist zwar nur 13. der Hengstleistungsprüfung geworden — doch er ist nicht nur der erfolgreichste Vererber seines Geburtsjahrganges, er ist einer der erfolgreichsten Vererber der Zucht in Hannover überhaupt. Die meisten seiner Töchter sind ins Hauptstammbuch eingetragen, viele sind erfolgreich im Sport eingesetzt.

Von seinen vielen gekörten Söhnen verspre-
chen eine Menge zu herausragenden Vererbern zu werden — endgültiges läßt sich allerdings heute noch nicht sagen. Ohne Frage
aber wird das Don Carlos-Blut nicht nur in
Hannover in breiten Strömen Springveranlagung und Rittigkeit weitertragen.

Duellant

Aus einer Zugabe wurde ein Heros (Hannover)

Der Zweite Weltkrieg war gerade zu Ende gegangen. Das Gestüt Hunnesrück, wo heute noch die Celler Hengstanwärter aufgezogen werden, war einigermaßen von den Nachkriegswirren verschont geblieben und wurde zum Körort für den Jahrgang 1943 der hannoverschen Pferdezucht. Im Kreis Stade war zwei Jahre vorher ein Fuchs-Hengst mit Stichelhaar gefallen. Er stammte von Dolman aus der Forstweihe von Foliant — eine gute Abstammung, doch besonders viel her machte der auch noch verhältnismäßig bunte Hengst nicht. Als Züchterin war eine Witwe eingetragen — wie erwähnt, wir befinden uns im letzten Jahr des Zweiten Weltkrieges.

Der Fuchs wurde gekört, doch viel versprach sich damals sicher auch die Kör-

Kommission nicht von diesem Beschäler. Dreijährig — eine Hengstleistungsprüfung hat Duellant nicht abgelegt — kam der Hengst auf die Deckstation Landesbrück bei Kehdingen. Er war verhältnismäßig klein (später 163 Stockmaß) und hatte in allem wenig Bedeutung. Er war auch mehr als Zugabe für den Hengst Anselmo aus dem gleichen Jahrgang gedacht, der auf dieser Station als der Star gehandelt wurde.

Es dauerte jedoch nur einige Jahre, da hatte sich die Situation total umgekehrt. Von Anselmo sprach man nicht mehr in gleichem Maße wie vorher und heute eigentlich kaum noch. Zu einem Heros unter den Hengsten Hannovers ist aber der ehemals kleine, unbedeutende Fuchs Duellant geworden. Er hatte sich

DUELLANT

Geboren: 1943 in Niedersachsen
Lebens-Nr.: 310358648
Züchter: Witwe Wedemeyer, Neuland, Kr. Stade
Farbe: Fuchs
Abzeichen: Gr. i. bd. Nüst. lf. Bl., r. Hf. h. w.

nicht nur durch seine ersten Jahrgänge in die Herzen der Züchter geboxt — er hatte sich auch selbst sehr herausgemacht.

Während seines ganzen Lebens machte der Hengst immer einen etwas nervigen Eindruck, obwohl in seiner Abstammung kaum Veredler-Blut zu finden ist. Er hatte einen recht großen Kopf mit gutem Hengstausdruck. Besonders bestachen aber seine Linien: Viel Hals, gute

Dolman	Detektiv	Desmond	Defregger
			Jabe H
		Kalabaka H	Khedive
			Concette H
	Aussicht H	Alderman I	Alnok
			Germanna H
		Orangenblüte H	Ordensritter
			St. v.
Forstweihe H	Foliant	Florett	Fling
			Kabunda H
		Ammeke H	Alcantara I
			Lomine H
	Schnepfenjagd H	Schumann	Sheridan
			St. v.
		Jempera H	Jassy I
			Callera H

Hengstleistungsprüfung: keine
Maße: 163/190/21,8
Gekört: 1945 in Hunnesrück

Gekörte Söhne: Davos, Derby, Dezember, Diskus, Dörfler, Doktor, Dragoner, Drusus, Dualist, Ducker, Duden I, Duden II, Duell, Duellfürst, Duellgraf, Dünkel, Duft I, Duft II, Duldsam, Duo, Durban, Durchlaucht, Dux und 10 weitere gekörte Söhne.
Töchter: 204 eingetragene Stuten
Staatsprämienstuten: 62
Hauptbuchstuten: 201
1982 war nur noch ein Duellant-Nachkomme im Sport.

Nachkommen-Gewinnsumme 1982: 513.000,-- DM
Die beiden erfolgreichsten Duellant-Nachkommen: Doublette - unter Willi Schultheis und Rosemarie Springer mehrfach siegreich in schweren Dressur-prüfungen (über 100.000 Mark Lebens-Gewinnsumme). Dux - unter Reiner Klimke Teilnehmer an den Olympischen Dressuren in Tokio 1964 und Mexiko 1968 (91.700 Mark Lebens-Gewinnsumme).

Schulter. Duellant war mitteltief und mittelstark und er machte die Augen von Pferdemenschen glänzen durch seine traumhaften Bewegungen, vor allem im Trab. Bis ins hohe Alter hat sich an dieser Beschreibung dieses einmaligen Hengstes wenig geändert. Nach zwanzigjährigem Zuchteinsatz ist Duellant im Jahr 1965 ausgeschieden.

Bis dahin ist er vielleicht zum wichtigsten, zweifellos aber zu einem der wichtigsten Stempelhengste der Zucht in Niedersachsen nach dem Zweiten Weltkrieg geworden.

Von seinem Vater Dolman hatte Duellant das Stichelhaar in der Fuchsjacke geerbt. Und auch er selbst gab seinen Nachkommen viele auffallende Abzeichen mit.

Oft läßt es sich in der Pferdezucht mit überkommenen Maßstäben nicht mehr messen, auch nicht mehr einfach erklären: Aber es vergingen nur einige Jahre und Duellant genoß unter den Züchtern große Verehrung. Das lag

in den ersten Jahren nicht in erster Linie an der qualitätvollen Nachzucht — es lag vor allem an der Persönlichkeit dieses Hengstes, der jeden Pferdemann für sich einnahm. Der nervige Ausdruck ließ das verhältnismäßig große Gesicht dieses Hengstes, das auch derbe Züge trug, in den Hintergrund treten. Das selbstbewußte und immer lebendige Auge machte das Gesicht dieses Hengstes auf den ersten Eindruck sympathisch. Immer wieder erkennbar: Dieser Hengst war über die Maßen ehrgeizig und sehr eitel. Es dauerte nicht lange und Duellant hatte einen liebevollen Spitznamen: ,,Dully''.

Seine Vererbung war durchschlagend. Er machte markante Nachkommen mit großen Linien, bedeutenden Köpfen mit viel Ausdruck. Er gab eine sehr gute Vorhand mit viel Schulterfreiheit und hervorragende Bewegungen weiter. Die meisten seiner Kinder erbten auch den Ehrgeiz und die Leistungsbereit-

schaft des Vaters. Die Duellant-Nachkommen hatten fast immer ein sehr starkes Fundament. Manche zeigten deutlich etwas gallige Sprunggelenke. In dieser Hinsicht waren einige Duellant-Kinder Spätentwickler; sie wurden erst spät trocken in der ganzen Struktur.

Die Duellant-Nachkommen haben eine Gewinnsumme von über einer halben Million Mark zu verzeichnen. Im Jahr 1983 war nur noch ein Duellant-Nachkomme im Sport — die Nachkommen-Gewinnsumme kann sich also nicht mehr erheblich steigern. Diese Nachkommen-Gewinnsumme gehört zu den großen Zahlen der großen Hengste in der Bundesrepublik — trotzdem liegen andere Hengste weit höher. Doch dabei ist zu berücksichtigen, in welcher Zeit die meisten Duellant-Nachkommen im Sport besonders erfolgreich waren. Wenn die damals gezahlten Preise mit den heutigen verglichen würden, käme Duellant ohne Frage auch in der Nachkommen-Gewinnsumme auf einen der ersten Plätze unter allen Hengsten, die nach dem Zweiten Weltkrieg in der Bundesrepublik gewirkt haben.

Doch nicht in erster Linie das Geld, das die Nachkommen auf den Turnierplätzen verdienen, macht einen Hengst ausschließlich erfolgreich: Am Beispiel Duellant ist besonders eindrucksvoll die große Bedeutung auf allen Gebieten, in denen ein Vererber gemessen werden kann.

Duellant hat der Zucht — nicht nur in Hannover — eine große Zahl von besonders qualitätvollen Stuten hinterlassen. Er ist als Vater von Sportpferden — vor allem in der Dressur — bis in die allerhöchsten Klassen verzeichnet und er ist Vater von mehr als 30 gekörten Söhnen, von denen viele herausragende Bedeutung haben.

765 Pferde haben Duellant zum Vater. Der Duellant-Sohn Duft II wurde Siegerhengst der DLG, die Stute Duellgirl erhielt einen Ia-Preis, neben weiteren Stuten, die auf DLG-Schauen gezeigt wurden. Duellant ist nicht ein Stempelhengst der Zucht in Niedersachsen — für viele ist er DER Stempelhengst für die ersten beiden Jahrzehnte nach dem Zweiten Weltkrieg.

61

Oben: Mit Sicherheit nicht der Typ eines Veredlerhengstes: Duellant.

Rechte Seite oben: Dux (v. Duellant).

Unten: DLG-Siegerhengst Duft II (v. Duellant).

El Shaklan ox

Geboren in der Wiege des Arabers (Vollblut-Araber)

Om el Arab, die Wiege des Arabers, ist die Zuchtstätte von El Shaklan ox. Dieser Hengst gehört zu dem Gestüt, wie das Gestüt zu diesem Hengst gehört. Namen, die untrennbar miteinander verbunden sind, die man in einem Atemzug nennt.

El Shaklan sorgte bereits im Ausland für Furore, da hatte man ihn in Deutschland noch gar nicht auf der Rechnung. Bereits als Jährling wurde er nach England verpachtet und auf internationalen Schauen vorgestellt. Zweimal wurde er nationaler Junioren-Champion von England. Die gleichen Erfolge konnte er 1978 in Belgien und Frankreich verbuchen.

El Shaklan ist das Produkt einer spanisch-ägyptischen Blutkombination. Seine Mutter Estopa wurde aus Spanien importiert und sein

Vater Shaker el Masri war Deckhengst im ägyptischen Staatsgestüt El Zahraa. Heinz-Rüdiger Merz, Besitzer des Gestüts Om el Arab, schuf für diese Art der Anpaarung einen eigenen Begriff: Den ,,Golden Cross", zu deutsch: Die goldene Kreuzung. Dieses Zuchtprinzip beweist seinen Erfolg mittlerweile auf allen internationalen Araber-Schauen der Welt. El Shaklan gilt als der bedeutendste Vertreter des Golden Cross.

Der Hengst besticht durch seine Ausstrahlung und seinen Charme. Die hochgradige Elastizität und Geschmeidigkeit in der Bewegung hat er von seiner Mutter geerbt. Die Härte und den arabischen Flair des Wüstentyps hat ihm sein Vater weitergegeben.

Paris ist die Stätte seiner größten Erfolge.

EL SHAKLAN ox

Geboren:	1975 in Württemberg
Lebens-Nr.:	Av-1287
Züchter:	Vollblutarabergestüt Om el Arab, Lauterbach
Farbe:	Schimmel
Abzeichen:	keine
Hengstlei-stungsprü-fung:	1979 in München-Riem
Maße:	159/182/18,5
Gekört:	1978 in Darmstadt

Hier wurde er 1981 Europäischer Championhengst. Ein Jahr später gewann sein Sohn El Mokari das Europachampionat der jungen Hengste. Auf der gleichen Veranstaltung siegte seine Vollschwester im Europachampionat der jungen Stuten. Dieser Pariser Doppelerfolg für El Shaklan war auch einer der züchterischen Höhepunkte des Gestüts Om el Arab.

El Shaklan hat auf den europäischen Araber-Schauen fast alles gewonnen, was es zu gewinnen gibt. Seit einem Jahr steht er in Kalifornien, im Zweiggestüt Om el Arab's. In Amerika soll er beweisen, wie gut er wirklich ist. Hier soll er sich mit den besten Arabern der

Shaker El Masri Or.Ar.	Morafic EAO Sch.	Nazeer Sch.	Mansour Sch.
			Bint Samiha B.
		Mabrouka F.	Sid Abouhom Sch.
			Moniet El Nefous F.
	Zebeda EAO B.	El Sareei B.	Shahloul Sch.
			Zareefa B.
		Galila B.	Sid Abouhom Sch.
			Rouda B.
Estopa ox	Tabal SP Sch.	Congo Sch.	Ilustre
			Triana
		Hilandera	Gandhy
			Abisinia
	Uyaima SP F.	Barquillo	Eco
			Rabina
		Imelina	Gandhy
			Verana

Die größten Schauerfolge:

1977 - Nationaler Juniorchampion von England. Nationaler Juniorchampion in Paris/Frankreich.

1978 - Nationaler Juniorchampion von England. Nationaler Juniorchampion und nationaler Reservechampion der WAHO-Schau/Hamburg. Siegerhengst der zentralen Hengstkörung in Darmstadt-Kranichstein.

1981 - Europäischer Championhengst.

Drei Nationale Champions.
Vier Nationale Junior-Champions.
Neun Europäische Junior- und Reserve-Champions.
Drei Welt-Junior- und Reserve-Champions.

Welt messen. Auf seiner ersten Schau im Mai in Las Vegas konnte er sich bereits vorne plazieren und qualifizierte sich für das Nationale Araber-Championat von Amerika — der Araber-Veranstaltung überhaupt in der Welt.

Heute schon gehört der achtjährige Hengst zu den erfolgreichsten Arabern Europas. Sollte er die in ihn gesetzten Erwartungen erfüllen, kommt er in Amerika unter die „Top-Ten" — die besten zehn. Das hätte vor ihm noch kein deutscher Araber-Hengst geschafft.

Ferdinand

Vom Tellerwäscher zum Millionär
(Hannover)

Was für ein langer Weg! Und was für ein eigentlich typischer, den der Hengst Ferdinand zurücklegen mußte, bis seine Qualität als herausragender Vererber deutlich war. Dutzende von Exterieur-Blendern hat Ferdinand auf diesem Weg hinter sich gelassen, Dutzende von Hengsten, die hoch eingestuft, mit Vorschuß-Lorbeeren versehen, heute keine Rolle mehr spielen, von denen niemand mehr spricht.

Ferdinand aber ist zu einem Markenzeichen für die ganze deutsche Pferdezucht geworden. Und er wird es noch viele Jahre bleiben — darüber sind sich alle Fachleute einig.

Der mittelgroße Hengst, 1943 auf einem niedersächsischen Bauernhof mit großer Pferdezucht-Tradition geboren, hatte einige

Mängel im Exterieur. Und nicht nur das: Einige dieser Mängel gab er auch an seine Nachkommen weiter.

Kein Wunder, daß es viele Jahre dauerte, bis Ferdinand seinen späteren internationalen Ruf ,,erarbeitet'' hatte. Denn die Qualitäten, die dieser Hengst hatte und die er in hohem Maße vererbte, sind auch nicht zu sehen, nicht zu messen und nicht zu fühlen: überragendes Leistungsvermögen und selten erlebten Leistungswillen. Ein Musterbeispiel dafür, wie solche großartigen Interieur-Eigenschaften manchen Mangel im Exterieur nicht nur ausgleichen, sondern unwichtig machen können. Ferdinand ist in der Tat vom Tellerwäscher zum Nachkommen-Gewinnsummen-Millionär aufgestiegen.

FERDINAND

Geboren:	1941 in Niedersachsen
Lebens-Nr.:	310340641
Züchter:	Gustav Hansing, Fleeste, Kr. Wesermünde
Farbe:	Braun
Abzeichen:	Flocke, alle Füße gefl. w.

Er galt immer als harter, nerviger Hengst, der den modernen Hannoveraner zu seiner Zeit verkörperte, wenn auch mit einigen Abstrichen. Seine sehr gute Schulter wurde schnell deutlich, er hatte genügend Widerrist und später auch eine gute Halsung. Im ganzen war er aber quadratisch und trug einen recht großen Kopf. Man hätte ihm eine „Rippe mehr gewünscht". Das Hinterbein war etwas

		Feiner Kerl	Fling
	Feinschnitt I		Kebansa
		Abisira H	Aconit
Ferrara			Narbada I
		Alcantara I	Aland
	Arlenda H		Chlorinde
		Conil I H	Colani
			Nerita
		Halt	Honorat
	Helgoland I		Aleit H
		Arfella H	Aland
St.Pr.St. Herzenskind H			St. v.
		Indigo	Phantast (Grad.)
	Irland H		Insulte (Grad.)
		Onerdina H	Oberamtmann
			Antonie II

Hengstleistungsprüfung: keine
Maße: 164/182/22,0
Gekört: 1943

Berühmte Nachkommen:

Gekörte Söhne: Fürst Ferdinand, Walzer, Wedekind, Wegerich, Wendekreis, Winnetou und 6 weitere gekörte Söhne.
Töchter: 165 eingetragene Stuten
Staatsprämienstuten: 20
Hauptbuchstuten: 154
1982 waren noch 8 Ferdinand-Nachkommen im Sport. Davon gewann ein Pferd mehr als 1.000 Mark.
Nachkommen-Gewinnsumme 1982: 1.059.200,-- DM

Die erfolgreichsten Ferdinand-Nachkommen: Ferdl - hann. Wallach unter Alwin Schockemöhle: fast 150.000,-- Mark Gesamtgewinnsumme im Springsport. Faustus - hann. Wallach unter Hendrik Snoek: 120.000,-- Mark Gewinnsumme im Springsport. Mehmed - hann. Wallach unter Reiner Klimke: Weltmeister und Mannschafts-Olympiasieger in der Dressur.

gewinkelt, der Gang gerade und schwungvoll.

In jüngeren Jahren machte Ferdinand wenig her. Er war dünn im Hals, spitz und wenig bemuskelt in der Kruppe. Er verfügte über wenig Tiefe. Auf der Deckstation Landesbrück, wo er in den ersten Jahren aufgestellt war, genoß er keine besondere Wertschätzung. Er erhielt nur vergleichsweise wenig Stuten.

Das änderte sich erst, als er nach Frankenburg umgestellt wurde — dies war mehr oder weniger eine Verlegenheits-Lösung, weil er in Landesbrück überhaupt nicht angekommen war. Seine Nachkommen hatten in den ersten Jahren den Eindruck, den der Hengst selbst machte, nicht verbessern können. Auch sie fielen durch kurze Hälse und kurze Kruppen auf, daneben waren sie oft spätreif, hatten offene Flanken, kurze Hosen und teilweise schlechte Sattellagen.

Auf der Station Frankenburg fielen die ersten herausragenden Nachkommen von Ferdinand. Inzwischen waren einige seiner Kinder auch über die ersten Klippen zum erfolgreichen Sportpferd hinweg und konnten im mittleren und großen Sport zeigen, was der Vater ihnen mitgegeben hatte. Als dann der Ferdinand-Sohn Ferdl unter Alwin Schockemöhle Olympiasieger wurde, begann endgültig die große Karriere des bis dahin nicht sonderlich beachteten Ferdinand.

Er hatte seinen Kindern nämlich nicht nur ins Auge stechende Exterieurmängel mitgegeben: Sie hatten auch gute Gelenke, ein starkes Fundament, einen geregelten Bewegungsablauf, gingen fleißig und taktmäßig. Im Trab waren die meisten nur genügend, dafür verfügten sie fast alle über einen guten Schritt und einen sehr guten Galopp. Und vor allem:

Sie hatten vom Vater eine überdurchschnittliche Springanlage mitbekommen.

Ferdinand hat in seinem Leben in Niedersachsen etwas mehr als 1000 Stuten gedeckt — es sind 704 Fohlen gefallen, die ihn zum Vater haben. Die Geldsumme seiner Nachkommen liegt über einer Million und wird sich noch geringfügig steigern, da immer noch einige Ferdinand-Kinder erfolgreich im Sport eingesetzt sind.

Ferdinand hat der Zucht ein Dutzend gekörte Söhne hinterlassen, von denen die meisten das begehrte Blut des Vaters durch starke Benutzung in großem Maß weitergeben. Die wichtigsten der Ferdinand-Söhne sind sicherlich Wedekind, Wendekreis und Winnetou. Sie alle verfügen selbst über die herausragende Springanlage des Vaters und geben sie — soweit heute endgültig zu beurteilen — an ihre Nachkommen weiter.

Ferdinand war nicht nur reinerbig braun, er hat auch wie nur wenige andere Hengste seine Springveranlagung konsequent auf seine männlicheNachkommenschaft übertragen.

1967 wurde Ferdinand als Hengst an das Gestüt Piber in Österreich verkauft. Der Hengst war damals nur noch eingeschränkt einsatzfähig. Er litt stark unter Altersbeschwerden und sollte im Höhen-Klima von Piber noch ein paar Jahre länger erhalten werden. Dies ist geglückt. Nach einem Eisenbahn-Transport kam Ferdinand zwar sehr geschwächt in Piber an, konnte aber durch besonders aufmerksame und liebevolle Pflege einigermaßen wieder hergestellt werden.

Er hat auch in Piber einige gekörte Söhne hinterlassen und Mutterstuten, die noch heute großes Ansehen in der Zucht Österreichs genießen. Ferdinand wirkte noch drei Jahre in Piber, bevor er, 29-jährig, eingeschläfert werden mußte.

Oben: Winnetou war einer der großen Stützpfeiler des Ferdinand-Blutes im Landgestüt Celle.

Unten rechts: Sein Name gehört zu denen, die den Hannoveraner weltberühmt und weltbegehrt machten: Ferdinand.

Nach Alwin Schockemöhle setzt Ferdl seine Springpferde-Karriere unter Gerd Wiltfang fort.

Frühling

Dunkelbrauner Jahrhundert-Hengst (Westfalen)

Ein Jahrhundert-Hengst vererbt nicht nur große Leistungsveranlagungen auf allen Gebieten des Sports — er ist vor allem solide und das in allen Partien. Der Hengst Frühling wird im Landgestüt Warendorf als Jahrhundert-Hengst für die westfälische Zucht gepriesen. Und da muß sein im Sport erfolgreichster Enkel Fire, das Weltmeisterschaftspferd von Norbert Koof, gar nicht mehr extra erwähnt werden. Auch ohne diesen Enkel hätte der Stammvater des großen ,,Frühlings'' in Westfalen seine heutige Bedeutung erlangt.

Frühling gehört zu der in Westfalen immer sehr bedeutenden Flick-Linie. Sie geht zurück auf den Beschäler Flick, der 1861 geboren worden war. Frühling beherrscht nach 21 Jahren Deckeinsatz diese Linie gemeinsam mit seinen herausragenden Söhnen deutlich. Man kann sogar noch weitergehen: Durch den Einsatz von Frühling ist diese Linie heute bedeutender denn je.

Alle ,,Frühlinge'' sind großrahmige, starke, aber mit dem nötigen Adel versehene Pferde, die über raumgreifende, elastische Bewegungen verfügen. Die meisten Pferde aus dieser Linie zeichnen sich darüber hinaus durch große Springveranlagung aus.

Auch Frühling ist ein wuchtiger Beschäler mit viel Adel und Ausdruck. Er hat sehr gute Breiten- und Tiefenmaße. Sein sehr guter und

FRÜHLING

Geboren:	1960 in Westfalen
Lebens-Nr.:	410159860
Züchter:	J. Bayer-Eynck, Rosendahl, Horst 11
Farbe:	Dunkelbraun
Abzeichen:	Flocke

vor allem elastischer Gang bestach von Anfang an. Dabei ist er in allem sehr korrekt und solide.

Die besondere Rittigkeit dieses Hengstes beweist sich auch dadurch, daß er selbst bis zur Grand-Prix-Reife gefördert werden konnte.

In Westfalen hat sich Frühling zu einem der wichtigsten Stempelhengste nach dem Zwei-

		Fiat I	Fliegerstern
			Frauenliebe (H)
	Frühsport (Celle)		Sportland
		Sportnadel	Cotorine (H)
Frühschein Ldb. F.			
		Feiner Kerl	Fling
			Kebansa (H)
	Feinau Hann. S.		Feudal III
		Feuerauge (H)	(S) v. Alltag I
		Feiner Kerl (Celle)	Fling
			Kebansa (H)
	Fesch		Schwabenstreich
		Sabadota Hann.	Kagul (H)
St.Pr.St. Fechta H. Db.			
		Flamingo	Flavius
			Arlura Hann. S.
	Fulda H.		Fahnenträger
		Freda H.	Faschingsmädchen

Zugleistungsprüfung: 1963 in Warendorf
Maße: 166/191/22
Gekört: 1962 in Münster

Gekörte Söhne: Falkner, Fantast, Foxtrott, Fröbel, Frühlingsball, Frühlingsduft I, Frühlingsduft II, Frühlingsrausch, Frühlingssturm, Frühlingstraum I, Frühlingstraum II, Frühlingstrunk, Frühlingswind, Fünfpass, Fürstenberg.
Töchter: 160 eingetragene Stuten
Staatsprämienstuten: 19
Hauptbuchstuten: 137
1982 waren 95 Frühling-Nachkommen im Sport. Davon gewannen 11 Pferde mehr als 1.000 Mark.
Nachkommen-Gewinnsumme 1982: 422.500,-- DM

ten Weltkrieg entwickelt. Er vererbt seine besonderen Merkmale treu auf seine Nachkommen. Auch die Vererbungsleistung seiner Söhne und Enkel ist von seiner Individualpotenz geprägt. Genauso sind die weiblichen Nachkommen von Frühling einzuschätzen.

Auf sportlichem Gebiet fallen Frühling-Nachkommen durch zwei Eigenschaften besonders auf: Gutes Temperament und große Leistungsbereitschaft. Die meisten seiner weiblichen Nachkommen sind ins Hauptstammbuch eingetragen. Fast alle seiner vielen gekörten Söhne haben große Bedeutung in der Zucht erlangt. Besonders ragt sein Sohn Frühlingstraum II heraus. Dies mag aber eine aktuelle Einschätzung sein, da Frühlingstraum II der Vater des Spring-Weltmeisters Fire ist

Oben: Ein Spitzenhengst im Warendorfer Beschäler-Bestand: Frühlingsball.

Rechte Seite oben: Frühling — der Jahrhundert-Hengst für Warendorf.

und deshalb besondere Aufmerksamkeit genießt. Es gibt eine Reihe von weiteren Frühling-Söhnen, denen ähnliche Leistungen in der Zucht zuzutrauen sind.

Frühling-Nachkommen haben inzwischen weit über 400 000 Mark im Sport verdient und viele der Frühling-Nachkommen nähern sich gerade erst jetzt dem gewinnträchtigen Alter. Es ist sicher davon auszugehen, daß Frühling eine weit höhere Nachkommen-Gewinnsumme in einigen Jahren erreicht haben wird.

Schon heute kann gesagt werden, daß Frühling, in dessen Ahnentafel sich der Spitzenvererber Feiner Kerl mehrfach findet, die westfälische Zucht in einem Umfang beeinflußt hat, wie dies selten zu finden ist.

Unter den 100 erfolgreichsten Leistungsvererbern war Frühling 1982 zusammen mit vier seiner Söhne zu finden. Drei seiner Söhne (Frühlingstraum II, Frühlingsball und Frühlingsrausch) haben Nachkommen, die Jahrgangs-Championate auf Bundesebene gewonnen haben. Dies ist in der deutschen Pferdezucht eine bisher einmalige Leistung und untermauert den genetischen Wert des Vaters und Großvaters deutlich.

Unten: Weltmeister der Springreiter 1982: Norbert Koof auf dem Frühling-Enkel Fire.

Frühlingstraum II

Sein Sohn ist Weltmeister
(Westfalen)

Kaum ein Siegeslorbeer, den sich dieser Hengst noch nicht aufgesetzt hat. Frühlingstraum II ist ein Karrieremacher. Jeder andere Hengst muß vor Neid erblassen bei diesem schnellen und steilen Aufstieg des Vererberstars aus Westfalen. Kaum ein züchterischer Erfolg in der bisherigen Vererberlaufbahn dieses Hengstes, den er nicht auf sein Konto buchen konnte.

Von seinem Züchter Wilhelm Spreen wurde der Fuchs 1970 in Münster zur Körung gestellt. Frühlingstraum II wurde Sieger des Junghengst-Jahrgangs und vom Landgestüt Warendorf angekauft. Bei der Hengstleistungsprüfung nach dem Warendorfer Modell ließ er zwei Jahre später wiederum alle Konkurrenten hinter sich. Deshalb war der Kö-

rungs- und Prüfungssieger schon in den ersten Deckjahren ein gefragter Beschäler. Durch seinen starken Hengstausdruck und die üppige Muskelfülle wirkt er imponierend. Dabei ist er schön im Gesicht und leicht im Genick, wenn der Hals auch etwas bullig wirkt. Im Gang bewegt er sich energisch und raumgreifend. Seit 13 Jahren schenken die Züchter der Deckstelle Wadersloh dem Fuchs ihr Vertrauen — und er hat sie nicht enttäuscht.

Frühlingstraum II lieferte hochwertiges Zuchtmaterial, darunter den Siegerhengst Feuerschein I und die beiden Reservesieger Feuerschein II und Fabelhaft. Auch die Frühlingstraum II-Töchter sind von großer Qualität.

Seine Sportpferde zeichnen sich aus durch

FRÜHLINGSTRAUM II

Geboren: 1968 in Westfalen
Lebens-Nr.: 410183268
Züchter: Wilhelm Spreen-Segelhorst,
                Pr. Ströhen, Rahden 2
Farbe: Fuchs
Abzeichen: St., r. Vf. unr. w., bd. Hf.
                unr. h. w.

Willigkeit und Leistungsstärke. Das beste Beispiel heißt Fire, mit dem Norbert Koof 1982 in Dublin die Weltmeisterschaft der Springreiter gewann. Fire ist das gewinnreichste Springpferd Deutschlands. Allein 1982 hat der Frühlingstraum II-Sohn über 215 000 Mark zusammengesprungen. Neben den 158 400 Mark,

		Frühsport	Fiat I
			Sportnadel
	Frühschein		Feiner Kerl
		Feinau Hann. S.	Feuerauge
Frühling		Fesch	Feiner Kerl
			Sabadota (H)
	St.Pr.St. Fechta		Flamingo
		Fulda H.	Freda H.
		Altmärker	Alparis
			Almenlied
	Altist		Aufpasser II
		Aporina Hann.	Kobra (H)
Abendkind		Abgott	Abendland
			Altinde Hann.
	Addi H.		Amoroso
		Ambrosia	Verehrteste

Hengstleistungsprüfung: 1972 in Warendorf
Maße: 168/195/22,5
Gekört: 1970 in Münster

Berühmte Nachkommen:

Gekörte Söhne: Fabelhaft, Faisal, Feuerschein I, Feuerschein II, Flamenco, Frühlingsstar, Frühlingsstern, Frühstern.
Töchter: 102 eingetragene Stuten
Staatsprämienstuten: 9
Hauptbuchstuten: 90
1982 waren 87 Frühlingstraum II-Nachkommen im Sport. Davon gewannen 8 Pferde mehr als 1.000 Mark.
Nachkommen-Gewinnsumme 1982: 324.500,-- DM
Bisher erfolgreichster Frühlingstraum II-Nachkomme: Fire - westfäl. Dunkelfuchs-Wallach unter Norbert Koof, Weltmeister 1982; Gewinnsumme 1982: 158.400,-- Mark

die er auf deutschem Boden verdiente, kamen noch einmal über 56 000 Mark hinzu, die er im Ausland gewann. Diese Jahresgewinnsumme wurde bisher von keinem anderen Turnierpferd erreicht.

Fire machte seinen Vater 1982 zum erfolgreichsten Leistungsvererber der Bundesrepublik. Frühlingstraum II ist ein Erfolgs-Hengst auf der ganzen Linie. Im Landgestüt selbst bis zu den Dressurlektionen der Klasse S gefördert, besticht er nicht nur durch seine Eigenleistung. Auch in der Vererbung wurde er trotz seines jungen Alters bereits zum Stempelhengst. Nach den Worten des Landstallmeisters Dr. Lehmann ist Frühlingstraum II aufgrund seiner bisherigen Vererbung geradezu dazu berufen, die züchterische Leistung seines berühmten Vaters Frühling fortzuführen.

Furioso II

Die Superlative reichen kaum
(Frankreich/Oldenburg)

Der ganz große ,,Sportler'' auf der allerhöchsten Ebene unter den Nachkommen des Hengstes Furioso II fehlt noch. Trotzdem hat der Vater bisher eine Nachkommen-Gewinnsumme von weit über 900 000 Mark zu verzeichnen. Das machen die vielen, vielen Nachkommen aus, die alle im Sport erfolgreich sind.

Furioso II ist schon zu seinen Lebzeiten eine Legende. Es gehört nicht sehr viel Mut dazu, vorauszusagen, daß Furioso II sicherlich in wenigen Jahren der Hengst sein wird, der alle anderen nach dem Zweiten Weltkrieg in der Bundesrepublik eingesetzten Vererber in bezug auf die Gewinnsumme der Nachkommen überflügelt haben wird. Bis zur Schallgrenze von einer Million Mark, die 1983 nur Gotthard

und Ferdinand erreicht haben, ist es nicht mehr weit. Im Jahr 1983 waren 308 Furioso-II-Nachkommen im Sport eingesetzt. Furioso II war im gleichen Jahr gerade 18 Jahre alt. Es ist vorstellbar, daß dieser Dunkelfuchs mit dem auffallenden weißen Fleck am Bauch, der erste Hengst in der Bundesrepublik sein könnte, dessen Nachkommen die heute unerreichbar erscheinende Schallgrenze von zwei Millionen Mark Gewinnsumme erreichen.

Doch unabhängig davon: Furioso II ist zweifellos der erfolgreichste Vererber in der Bundesrepublik in den Jahren zwischen 1970 und 1980. Auf seiner Haben-Seite stehen unzählige Sportpferde, weit über 50 gekörte Söhne und Dutzende von prämierten Stuten nicht nur im Oldenburger Zuchtgebiet.

FURIOSO II

Geboren: 1965 in Frankreich
Lebens-Nr.: 330433665
Züchter: H. Lemoine, Escajeul/
Frankreich
Farbe: Dunkelfuchs
Abzeichen: Gr. Bl. m Schnp., w. Fl.
lks. u. Bauch, v. lks. n. bd.
Hf. h. w.
Maße: 167/178/21,5
Gekört: 1968 in Oldenburg

Es ist ein Glücksfall gewesen, daß Georg Vorwerk, einer der großen Privathengsthalter in Oldenburg, diesen Vollblut-Sohn im Alter von drei Jahren aus Frankreich importierte. Der Vater war der Vollblüter Furioso xx, die Mutter eine sehr große, starkknochige und wenig elegante Stute.

Furioso II kam in der Bundesrepublik an und wurde wenig später nach Westercelle zur Hengstleistungsprüfung geschickt. 1970 wurde der Franzose Sieger der Oldenburger Hengstkörung.

Furioso II hat ein Stockmaß von 166 Zentimeter. Er imponiert aber eigentlich weniger durch seine gute Größe, mehr durch die Bedeutung seines Auftretens. Sein starkes Fun-

		VV Precipitation xx	Hurry on xx
Furioso II	Furioso xx		Double Life xx
		VM Maureen xx	Son-in-law xx
			St. Prisca xx
		MV Talisman	Le Royal
	Da. de Ranville		Creole
		MM Que Je Su. Belle	Lord Orange xx
			Comedie

Hengstleistungsprüfung: 1968 in Westercelle wurde Furioso II bester Oldenburger Hengst, Protokoll: Schritt, Trab und Galopp gut. Aufmerksames Temperament. Gute Rittigkeit. Überdurchschnittliche Springanlage.

Berühmte Nachkommen:

Gekörte Söhne: Fanal, Fatianus, Fidelio, Fingal, First Gotthard, Fluvius, Follow, Fortun, Freison, Frohnherr, Fürst, Fürst Agram, Fürst Furioso, Fugato I, Fugato II, Fumiro, Furi Agram, Furidant, Furier, Furino, Furioso's Sohn, Furisto und 30 weitere gekörte Söhne.
Töchter: über 200 eingetragene Stuten
Staatsprämienstuten: über 80

Hauptbuchstuten: über 180
1982 waren 308 Furioso II-Nachkommen im Sport. Davon gewannen 41 Pferde mehr als 1.000 Mark.
Nachkommen-Gewinnsumme 1982: 940.000,-- DM
Gewinnreichster Furioso II-Nachkomme 1982: Furry II - Oldenburger Wallach im Besitz von Josef Skutta. Über 28.000,-- Mark in Springprüfungen.

Furioso II — er zeigt immer, wer der Herr im Hause ist, natürlich vor allem, wenn Stuten in der Nähe sind.

dament korrespondiert mit selten zu beobachtender Korrektheit in allen Partien. Besonders die Halsung des Hengstes ist hervorzuheben. Der Widerrist könnte etwas markanter sein, trotzdem verfügt der Hengst über eine gute Sattellage. Die ausgezeichnete Halsung vererbt Furioso II fast ausnahmslos, sein Mangel im Widerrist ist dagegen unter seinen Nachkommen selten zu finden.

Wenn von Individual-Potenz gesprochen wird, ist sicherlich dieser Hengst in der vorderstern Reihe zu nennen. Alle seine Nachkommen sind deutlich als seine Kinder zu erkennen.

Noch deutlicher als Cor de la Bryére in Holstein traf Furioso II in Oldenburg auf eine für ihn geradezu ideale Stutengrundlage. Durch den starken Einsatz englischen Vollblutes waren die soliden Stämme endgültig in Richtung Reitpferd veredelt. Hier hatte der französische Halbblüter, der über die Mutter gute Knochenstärke mitbringt, einen guten Blutanschluß. Furioso II hat die Oldenburger Pferdezucht seit dem Beginn seines Einsatzes geprägt. Kein anderer Hengst nach dem Krieg hat deutlichen Einfluß auf diese Zucht gehabt. Mit ein Verdienst dieses Hengstes ist auch die überproportionale Bedeutung dieses vergleichsweise kleinen Zuchtgebietes in der deutschen und internationalen Pferdezucht. Der Einfluß dieses einen Hengstes ist so groß, daß kaum abschätzbar ist, wo die Oldenburger Zucht heute ohne Furioso II stünde.

Die Decklisten des Dunkelfuchses waren von Anfang an bis auf den letzten Platz gefüllt. Nicht nur in Oldenburg, in allen deutschen Zuchtgebieten ist er als Vatertier begehrt. Seit Beginn seiner Beschäler-Tätigkeit 1968 ist Furioso II bei Georg Vorwerk in Cappeln aufgestellt. Viele seiner gekörten Söhne haben das Zuchtgebiet verlassen und decken in allen deutschen Landeszuchten, aber auch in Holland, Schweden, England, der Schweiz.

Es ist zu erwarten, daß keiner der Söhne zu den Lebzeiten Furiosos aus diesem beeindruckenden Vater-Schatten heraustreten kann. In den vergangenen Jahren und sicher auch noch einige Jahre in der Zukunft waren und werden alle züchterischen Veranstaltungen in Oldenburg durch den starken Einfluß dieses Hengstes geprägt: Bei den Körungen dominieren Furioso-II-Söhne und -Enkel, bei den Stuten — und Fohlenschauen gehen seine Nachkommen ganz vor und auch bei den Reitpferde-Auktionen sind Kinder und Enkel von ihm deutlich in der ersten Preisgruppe.

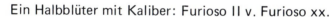

Ein Halbblüter mit Kaliber: Furioso II v. Furioso xx.

Oben: Er ist ein Löwe unter den Hengsten, denn wenn er brüllt, ist er nicht zu überhören . . .

Unten: Das Gesicht eines Hengstes, das noch über Jahrzehnte in hippologischen Fachbüchern zu finden sein wird.

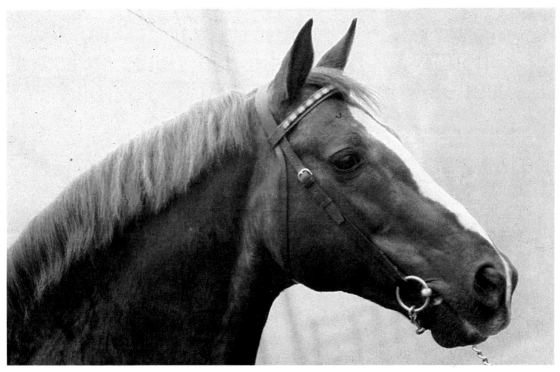

Oben: Der Anglo-Normanne, mit dem englischen Vollblüter zum Vater, ist in seiner ganzen Erscheinung nicht der typische Halbblüter.

Futuro

Im Schatten des Halbbruders
(Frankreich/Oldenburg)

Wie sie sich gleichen: Die dunkelfuchsige Jacke, der große Aufriß, die mächtige Schulter, viel Weiß. Und auch wieder bei beiden: Der Widerrist könnte markanter sein.

Futuro ist ein Halbbruder des sicher berühmteren Furioso II. Beide haben den irischen Vollblüter Furioso xx zum Vater und beide sind in Frankreich in der gleichen Zuchtstätte aufgezogen worden. Über die züchterischen Qualitäten des Vollblüters Furioso xx von der grünen Insel Irland läßt sich schon lange nicht mehr streiten. Seine beiden in Oldenburg wirkenden Söhne wären Argument genug — er hat aber auch in Frankreich eine herausragende Nachzucht hinterlassen.

Von der mütterlichen Seite ist Futuro seinem Halbbruder sogar noch etwas überlegen: Während Furiosos Mutter eine riesengroße, starkknochige Stute mit „viel Luft unter dem Bauch" war, steht die Futuro-Mutter weit mehr im Modell des Reitpferdes.

Futuro wurde 1969 aus Frankreich importiert — ein Jahr später als Furioso II. Ihn holte der zweite große Oldenburger Privathengsthalter — Luthwig Kathmann in Holtrup. Auch Futuro ging nach seinem Eintreffen verhältnismäßig schnell nach Westercelle zur Ablegung der Leistungsprüfung. Er wurde Zweiter der dort geprüften Oldenburger Hengste. Bei der Körung 1971 in Oldenburg wurde er genau wie vorher sein Halbbruder Furioso II Siegerhengst.

FUTURO

Geboren: 1966 in Frankreich
Lebens-Nr.: 330435266
Züchter: A. Lefevre, Falaise/
Frankreich
Farbe: Fuchs
Abzeichen: Gr. durchg. Bl., v. F. h. w.
Maße: 167/185/21,5
Gekört: 1969 in Oldenburg

Es ist schade, daß dieser Hengst zeit seines Lebens im Schatten des sicherlich mit Vorsprung gestarteten und deshalb stärker benutzten Hengstes Furioso II gestanden hat und sicher auch noch stehen wird.

Wer weiß, wie die Zucht-Geschichte sich entwickelt hätte, wenn Futuro allein in Oldenburg das Furioso-xx-Blut hätte vertreten können?

		VV Precipitation xx	Hurry on xx Double Life xx
Furioso xx		VM Maureen xx	Son-in-law xx St. Prisca xx
		MV Hed. ou v. Galant	Ulan Vaillante
Fabienne		MM Rigolette	Vingt Mai xx Hongue

Hengstleistungsprüfung:
Mit 44,77 Punkten wurde Futuro 1969 in Westercelle zweitbester der Oldenburger Hengste. Protokoll: Schritt, Trab, Galopp sehr gut. Angenehmes Temperament, ausdauernde Konstitution. Rittigkeit und Springanlage gut. Talentiertes Reitpferd mit Dressur- und Springanlagen.

Berühmte Nachkommen:

Gekörte Söhne: Feuerdorn, Figaro, Flirt, Flott, Fluglotse, Frank, Fundus.
Töchter: 141 eingetragene Stuten
Staatsprämienstuten: 35
Hauptbuchstuten: 117
1982 waren 78 Futuro-Nachkommen im Sport. Davon gewannen 11 Pferde mehr als 1.000 Mark.
Nachkommen-Gewinnsumme 1982: 282.000,-- DM
Gewinnreichster Futuro-Nachkomme: Everest Forever - Oldenburger Fuchs-Wallach unter der Engländerin Liz Edgar. Mehrfach siegreich in internatinalen Springprüfungen.

Seine Nachzucht ist untadelig, die Erfolge seiner Nachkommen in Zucht und Sport sprechen für sich. Futuro vererbt durchschlagend. Seine Nachkommen sind sehr leichttritig und angenehm zu reiten. Sein bekanntestes Sportpferd ist der Springfuchs Everest Forever, der unter seiner englischen Reiterin Liz Edgar allein in den Jahren 1980/81 über 100 000 Mark gewonnen hat.

Der elegante Fuchs mit der geschmeidigen Oberlinie hat eine Reihe von sehr guten und teilweise auch stark benutzten gekörten Söhnen aufzuweisen. Sie sind zum Teil außerhalb des Oldenburger Zuchtgebietes im Einsatz. Eine besonders gute Nachzucht haben die Söhne — inzwischen nach außerhalb abgegeben — Figaro und Flirt in Oldenburg aufzuweisen.

Gazal VII

Von europäischer Bedeutung
(Shagya-Araber)

Es ist ein Nachkriegsschicksal, das der herausragende Vererber Gazal VII erleben mußte. Im vorletzten Kriegsjahr wurde der Schimmel, Sohn des Grauschimmels Gazal II, geboren. Die Pferde des ungarischen Staatsgestütes Babolna waren auf der Flucht in den Westen. In Wiener-Neustadt, in Österreich, ist Gazal VII 1944 zur Welt gekommen. In Bayern ist er aufgewachsen — seine Heimat in jungen Jahren war Donauwörth.

Die Nachkriegswirren sind der Grund, warum der berühmte Gazal VII mehrere Brände erhielt. Neben dem ,,B'' als Brandzeichen für Babolna hatte er auch als letzter Araber noch die Stephans-Krone, Zeichen des ungarischen Herrscher-Hauses im Brand. Doch ebenfalls

zierte den Hengst ein kreisrunder Brand in der Größe eines Markstückes — das Zeichen der Besatzungsmacht USA, das verhindern sollte, daß dieser Hengst requiriert würde.

1947 kamen die aus Babolna geflohenen Araber und mit ihnen Gazal VII zurück nach Ungarn. In den ersten Jahren wurde der Schimmel als Landbeschäler für die ungarische Landeszucht aufgestellt. In dieser Zeit fielen rund 200 Fohlen, die ihn zum Vater hatten. Schon damals wurde Gazal VII in der künstlichen Besamung eingesetzt.

Wegen seiner guten Vererbung, er machte gleichermaßen Pferde, die rittig unter dem Sattel gingen und gut in der Anspannung, wurde Gazal VII 1953 in Babolna als Hauptbe-

GAZAL VII

Geboren: 1944 in Wiener-Neustadt/
 Österreich
Lebens-Nr.: 080 118244
Züchter: Staatsgestüt Babolna/
 Ungarn
Farbe: Schimmel
Abzeichen: keine

schäler aufgestellt. Bis zum Jahr 1967 hat er die Hauptgestütsherde geprägt.

Schon zu dieser Zeit hatte Gazal VII sich einen Ruf weit über die Grenzen Europas verschafft. Er ist heute noch der Inbegriff des Shagya-Arabers mit seinem Kaliber, der gut gelagerten Schulter, der Rumpftiefe bei orientalischer Ausstrahlung, Schönheit und Energie der Bewegungen.

1967 gelang es dem deutschen Züchter Albert Schmidt-Ankum, den Hengst zu kaufen.

Gazal II	Gazal I	Gazal ox Sch.	Gazlan I ox
			O'Bajan ox
		Shagya X	Shagya X
			Gazlan ox
	Shagya XVI	Shagya XVI Sch.	Shagya XI
			Gazlan I
		Koheilan IV	Koheilan IV ox
			Sakl. Jedran
Shagya XXV	Shagya XXV	Shagya XVII	Shagya IX
			Amurath
		Koheilan III	Koheilan III
			Shagya XI
	Shagya XXI	Shagya XXI	Shagya X
			Shagya I
		Siglavy Bagdady	Sigl. Bagdady
			Shagya XI

Hengstleistungs-
prüfung: keine
Maße: 160/185/
19,5

Berühmte Nachkommen:

Gekörte Söhne: Ali Baba, Balaton, Bartok, Czardas, Durchlaucht, Galan I, Galan II, Gazal, Gazal I, Gazal II, Gazal VII-1, Gazal VII-9, Herold, Karim, Letzter Gazal, Otello.
Töchter: 56 eingetragene Stuten
1982 liefen 14 Gazal VII-Nachkommen im Sport. Davon gewann ein Pferd mehr als 1.000 Mark
Nachkommen-Gewinnsumme 1982: 43.000,-- DM

Gazal VII wechselte in das Gestüt nach Ankum und hat bis zu seinem Tod 1975 die deutsche Araberzucht in einem Maße beeinflußt, wie das nachher wohl keinem anderen Hengst mehr gelungen ist. Er hat aber nicht nur in der Araberzucht in der Bundesrepublik seine Verdienste. Auch in der Trakehner- und Hannoveranerzucht ist Einfluß von ihm deutlich geworden, auf den die Zuchtleitungen heute nicht mehr verzichten wollen. Durch seine relative Größe, seine gute Röhrbeinstärke und seine elastischen Gänge eignet sich Gazal VII in besonderem Maße dafür, mehr Kaliber und mehr Rittigkeit in die Araberzucht einzubringen, auf der anderen Seite aber auch die erwünschten Eigenschaften des Arabers den Warmblutzuchten mitzugeben.

Ghazal Or.Ar.

Der Fürst der Pferde
(Vollblut-Araber)

Die in den arabischen Ursprungsländern der Zucht geborenen Pferde werden in Deutschland mit Or. Ar. hinter dem Namen bezeichnet: Original-Araber. Alle anderen, auch die Nachkommen von in Deutschland gezüchteten Fohlen von beiderseits original-arabischen Eltern, werden mit einem ox (Vollblutaraber) gekennzeichnet.

Hinter den Namen Ghazal steht Or. Ar. Am 11. August 1953 wurde er im ägyptischen Staatsgestüt El Zahraa geboren als excellente Zuchtkomposition erlauchter Stammbäume und adeligster Eltern: Nazeer, der Vater, und Bukra, die Mutter. Ghazal war das Meisterwerk des Zucht-und Gestütsleiters Tibor von Pettkó-Szandtners. Der friesische Fürst zu Inn- und Knyphausen hatte sich für seine klei-

ne Vollblutaraber-Zucht im Schloßgestüt Lütetsburg bei Norden aus El Zahraa einen Nazeer-Bukra-Sohn gewünscht. Es wurde Ghazal! Er trug die Stutbuchnummern 246 der E.A.O., AV 48, D-AV 1 und Marbach 17 in Deutschland. In sechzehn Zuchtjahren bereicherte Ghazal allein die deutsche Vollblutaraberzucht mit 43 Stuten und 16 gekörten Hengsten von 21 geborenen. Ghazal vererbte immer die Schimmelfarbe, Sanftmut, schwungvolle Rittigkeit, hohen Adel, Fruchtbarkeit und sein enormes Selbstbewußtsein. Zweijährig wurde er importiert, mit fünf Jahren wurde er für die Zucht aufgestellt, deckte Vollblutaraber-Kleinpferde und mit Ausnahmegenehmigung Warmblutstuten.

Denn für die Warmblutzüchter und ihre Ver-

Protokoll:

GHAZAL Or. Ar.

Geboren:	1953 in El Zahraa (Ägypten), importiert 1955
Lebens-Nr.:	wurde nicht verlangt
Züchter:	Egyptian Agricultural Organization (E.A.O.) (Society)
Farbe:	Honigschimmel
Abzeichen:	Schnippe, v. li. gestreift. Huf, hi. li. heller Huf

bände war Ghazal ein „Zirkus-Pferd". Was nicht einmal abwertend verstanden werden sollte. Der exotische Filigran-Hengst war ihnen fremd, unwirklich fast, überschön — ein beinahe feminin wirkender Beschäler aus dem Land von tausendundeiner Nacht.

Der Fürst züchtete mit ihm unbeirrt und mit Erfolg im klaren Typ. Für die Jahre 1965 bis 1967 lieh sich Landoberstallmeister Dr. Georg Wenzler Ghazal für das Württembergische Haupt- und Landgestüt Marbach an der Lau-

			Bint Hadba el Saghira
		Samiha	Samhan
	Bint Samiha		Kasima
		Kazmeen	Sofamm
Nazeer			Nafaa el Kebera
		Nafaa el Saghira	Meangi Sebili
	Mansour		Dalal
		Gamil Manial	Saklawi II
			Bint Obeya
		Sabah	Mabrouk Manial
	Bint Sabah		Kasima
		Kazmeen	Sotamm
Bukra			Radia
		Bint Radia	Mabrouk Manial
	Shahloul		Bint Gamila
		Ibn Rabdan	Rabdan

Hengstleistungsprüfung: Wurde nicht verlangt
Maße: 152/170/18

Berühmte Nachkommen:

Gekörte Söhne: Sultan, Galan, Nadil, Salamat, Shagar, Salah, Saher, Sambhal, Gizeh, Ghat-Ghat, Ghazwan, Ghandur, Ikarus (Ibn), Ghadafi, Ghaleh, Ghamal
Töchter: 42 eingetragene Stuten

ter aus, wo er neben seinem Halbbruder Hadban Enzahi v. Nazeer Hauptbeschäler wurde. Und in Marbach wäre Ghazal bis zu seinem Tode geblieben, hätte sich nicht der Journalist und Pferdemaler Carl-Heinz Dömken Ostern 1960 „unsterblich" in Ghazal verliebt.

Seither hatte Dömken versucht, Ghazal zu erwerben. Als Ghazal nach Marbach kam, schien das Traumziel unerreichbar geworden zu sein. Aber der Wunsch, Ghazal zu erwerben — auch wenn er nie im Dömken-Stall stehen würde —, beeindruckte den Fürsten und den Landoberstallmeister derart, daß sie Ghazal an seinen Enthusiasten verkauften. In der Obhut des Künstlers in Bild und Schrift (Buch: „Ghazal, der Fürst der Pferde") wurde Ghazal zum Idol der internationalen Araberzüchter, der Überträger des Bazillus „Arabitis". Er blieb es auch über seinen tragischen Tod am 30. Mai 1972 hinaus.

Goldlack

Spätstarter mit großer Zukunft
(Westfalen)

Es ist kein furioser Start gewesen, den der mächtige Fuchshengst Goldlack nach der Körung in Westfalen hatte. Es dauerte ein paar Jahre, bis sich seine Nachkommen auf den Turnierplätzen bewähren konnten und dem Vater internationales Ansehen bescherten. Besonders verdient gemacht haben sich dabei die beiden Springcracks Goldika und Gordon, die Gerd Wiltfang unter dem Sattel hat.

Goldlack ist in Hannover geboren, genauer in der Nähe der niedersächsischen Landeshauptstadt, in Isernhagen. Schon als Fohlen kam er nach Westfalen und wurde dort aufgezogen, wo er später auch wirken sollte.

Goldlack hat eine ausgesprochen interessante Ahnentafel. Sein hannoverscher Vater

Goldfalk, Sohn des legendären Goldfisch II, war mehrmaliger DLG-Siegerhengst. Auf der mütterlichen Seite fließen breite Ströme Trakehner Blutes. Die Mutter hatte den auch in der Trakehnerzucht hochverehrten und erst in hohem Alter gestorbenen Vererber Keith von Pythagoras zum Vater. Von dieser Seite hat der kräftige und stark bemuskelte Hengst trotz enormer Röhrbeinstärke seine Trockenheit geerbt. Im Ganzen hat Goldlack viel Linie und verbindet bedeutende Körperpartien mit viel Ausdruck. Seine ausgezeichneten Bewegungen, verbunden mit sehr viel Springtalent, entwickeln sich aus der üppig ausgeprägten Kruppenmuskulatur.

Die Nachkommen des großen Fuchs-Hengstes sind großrahmig und stark wie der Vater

GOLDLACK

Geboren:	1968 in Niedersachsen
Lebens-Nr.:	410183068
Züchter:	H. Behrens, Isernhagen
Farbe:	Fuchs
Abzeichen:	i. bd. Nüst. reich. Bl.,
	r. Füße hoch w., l. Hf.
	unr. w.

und haben auch dessen sehr gutes Gangwerk geerbt. Besonderen Einfluß hat Goldlack inzwischen durch seinen Sohn Großadmiral gewonnen, der schon bei der Körung in Münster Siegerhengst mit weitem Abstand gewesen ist.

Goldlack ist 1968 geboren — er befindet sich gewissermaßen in den besten Vererber-Jahren. Er hat erst spät größeren Einfluß auf

		Goldammer II	Goldschläger I
	Goldfisch II		Antille (H)
		Flugamme (H)	Flugfeuer II
Goldfalk			Amakosa (H)
		Alkoven I	Alderman I
	Alandinsel		Costane (H)
		Jamata (H)	Jassy I
			St. v. Nucker
		Pythagoras (Trak.)	Dampfroß
	Keith		Pechmarie
		Ketzerin (Track.)	Ararad
Kennerin			Kette
		Jurafreund	Juragold
	Juraglut		Ferrial (H)
		Cosela (H)	Cosel
			St.Pr.St. Auserwählt

Hengstleistungsprüfung: 1972 in Warendorf
Maße: 166/196/ 22,3
Gekört: 1970 in Münster

Gekörte Söhne: Galopos, Gibraltar, Godroman, Goldbach I, Goldbach II, Goldfang, Goldklang, Goldmilan, Goldpfeil, Goldschatz, Gonforan, Großadmiral.
Töchter: 67 eingetragene Stuten
Staatsprämienstuten: 5
Hauptbuchstuten: 57
1982 waren 79 Goldlack-Nachkommen im Sport. Davon gewannen 7 Pferde mehr als 1.000 Mark.
Nachkommen-Gewinnsumme 1982: 488.500,-- DM
Gewinnreichste Goldlack-Nachkommen 1982: Goldika - westfälische Schimmelstute unter Gerd Wiltfang: 83.000,-- Mark in Springprüfungen.
Gordon - westfälischer Fuchs-Wallach unter Gerd Wiltfang: 32.000,-- Mark in Springprüfungen.

die westfälische Zucht gewonnen. Es ist deshalb zu erwarten, daß er über viele sehr gute Stuten und über eine Reihe seiner gekörten Söhne weiter an Einfluß in der Zucht gewinnen wird.

Goldlack kann wohl als Prototyp des modernen Warmbluthengstes bezeichnet werden. Er ist stationös, gängig bei gutem Fundament, er verfügt gleichermaßen über sehr viel Gang und über außerordentliches Springvermögen. In diesem Zusammenhang sei auch auf die für die Pferdezucht nach dem Zweiten Weltkrieg in Deutschland geradezu bilderbuchhafte Abstammung mit viel solidem hannoverschen Blut und einem Teil Veredler-Blut aus einem guten Trakehner-Stamm hingewiesen.

Von 1971 bis 1975 war Goldlack in Vinnum als Warendorfer Landbeschäler aufgestellt, wo er auch aufgezogen worden war. Seit 1976 hat er seine Beschälerbox in Beerlage Kreis Coesfeld.

Gotthard

Gotthard — ein anderes Wort für Leistung (Hannover)

Jeder kennt das Märchen vom häßlichen Entlein — es ließe sich auch am Beispiel eines Pferdes erzählen. Und dieses Märchen wäre sogar wahr. Der international wohl berühmteste deutsche Vererber, der Schimmel-Hengst Gotthard, hat dieses Schicksal erfahren. Und es hat viele Jahre gedauert, bis aus dem häßlichen, herumgeschubsten Entlein ein stolzer Schwan geworden war.

Doch von Anfang an: Gotthard wurde 1949 geboren. Von der väterlichen Seite hat er eine hochnoble Abstammung. Sein Vater ist der legendäre Goldfisch II, der viele andere gekörte Söhne in der Zucht hat, die es weit weniger schwierig hatten, als sein letztendlich doch bedeutenderer Nachkomme.

1951 wurde Gotthard gekört. Doch wer weiß, was sich die Mitglieder der Körkommission damals dachten: Der noch ziemlich dunkle Schimmel, der über die mütterliche Seite arabisches Blut führt, war wirklich nicht das Modell, das man sich heute unter einem Hengstanwärter vorstellt. Das Bürschlein war in allem wenig. Der Hals war zu kurz, die Schulter zu steil und auch die Kruppe hätte man sich länger wünschen dürfen.

Dabei war Gotthard noch nicht einmal hübsch. Trotz seiner arabischen Ahnen aus der mütterlichen Linie trug er einen derben und für seinen schmächtigen Körper auch recht großen Kopf.

Sein aufmerksames großes Auge mag aber auch damals der Kör-Kommission schon besonders gut gefallen haben. Gotthard wurde

GOTTHARD

Geboren:	1949 in Niedersachsen
Lebens-Nr.:	310383849
Züchter:	R. Kords, Achthöfen, Kr. Land Hadeln
Farbe:	Schimmel
Abzeichen:	keine

gekört und kam in seiner ersten Decksaison nach Beverstedt bei Bremerhaven. Die Züchter haben wohl kaum Mund und Nase aufgesperrt, als dieser Junghengst 1953 ausgeladen wurde. Er bekam nur wenig Stuten und kehrte auf diese Deckstation nicht wieder zurück. In den beiden folgenden Deckperioden konnte

		Goldschläger I	Paris (Meckl.)
			Schätzchen (Meckl.)
	Goldammer II		Alderman I
		Antille	Lohblüte H
Goldfisch II		Flugfeuer II	Fling
			Feile H
	Flugamme		Ammer
		Amakosa H	Nodia H
		Amulett	Amurath I
	Amateur I		Nopette H
		Alcansa	Alcantara I
Ampa H			St. v.
		Altlobitz	Althof
	Ameline H		Lingen H
		Stute	Fortissimo II
			St. v.

Hengstleistungsprüfung: keine
Maße: 166/190/21,5
Gekört: 1951 in Verden

Gekörte Söhne: Gajus, Gardehusar, Gardekürassier, Gardeoffizier, Gardestern, Gardeulan I, Gardeulan II, Genever, Genius, Gepard, Geronimo, Gin Tonic, Godehard, Goldan, Goldberg, Goldcup, Gold Dollar, Golden Miller, Gold Ferdl, Goldfinger, Goldlöwe, Goldpilz, Gold Spring, Goldstein, Goldstern, Gotha, Gotthardsen, Gottlob, Gottram, Gottwalt, Gottward, Goya, Graf Gotthard, Greenhorn.
Töchter : 265 eingetragene Stuten
Staatsprämienstuten: 26

Hauptbuchstuten: 232
1982 waren 104 Gotthard-Nachkommen im Sport. Davon gewannen 22 Pferde mehr als 1.000 Mark.
Nachkommen-Gewinnsumme 1982: 1.534.000,-- DM
Die erfolgreichsten Gotthard-Nachkommen: Genius - hann. Fuchs-Wallach unter Fritz Ligges mehrfach siegreich in Mächtigkeitsspringen. Goya - brauner hann. Wallach unter Fritz Ligges; allein 1982 eine Gewinnsumme von über 80.000,-- Mark.

Gotthard in Langen untergebracht werden. Doch auch hier war er nicht der große Hochzeiter. Er wurde lediglich als Verlegenheits-Hengst benutzt, wenn seine Deckstellen-Kollegen zu stark ausgelastet waren.

Nach zwei Jahren war auch in Langen Schluß. Die Züchter weigerten sich, den Hengst wieder aufzunehmen. Und auch sonst im Land wollte niemand den immer noch recht dunklen Schimmel haben. Gotthard mußte als Reservehengst im Landgestüt bleiben. 1955 wurde er sogar zu den Wagenpferden versetzt — was sollte man mit einem Hengst machen, den kein Züchter für seine Stute haben wollte? Nicht nur einmal hat sich die Landgestütsverwaltung überlegt, den glücklosen Hengst kastrieren zu lassen. Er hätte dann vielleicht als Reitpferd in irgendeinem Stall wenigstens sein täglich Brot verdienen können.

Vier Jahre lang sah Gotthard keine Stute aus der Nähe. Erst dann wurde er als Lückenbüßer nach Hänigsen bei Hannover gegeben.

Doch auch nur für eine Saison. Danach sollte der Hengst hier nicht mehr aufgestellt werden. Gotthard fand Unterschlupf in der Deckstelle Wilstedt bei Bremen — wieder eine Gnadenfrist vor dem Schicksal als Wallach.

Eine glückliche Fügung — anders ist das kaum zu nennen — brachte Gotthard aber im Jahr darauf wieder nach Hänigsen. Inzwischen war der Hengst schon 13 Jahre alt und hatte obwohl nicht stark benutzt — einige volljährige Nachkommen. Und diese Kinder haben aus dem häßlichen Entlein schließlich den absoluten Star unter den Springpferdevererbern mit Sicherheit in der Bundesrepublik, vielleicht sogar in der Welt, gemacht.

Plötzlich erregten Gotthard-Nachkommen Aufsehen auf den Turnierplätzen. Sie sprangen in höhere und höhere Klassen und verdienten eine Menge Geld.

Gotthard wurde zum begehrtesten und berühmtesten Hengst in Niedersachsen. Natürlich gaben die Züchter, die ihre Zuchtstätten in der Nähe der Deckstelle Hänigsen haben, diesen Hengst nun nicht mehr her. Gotthard hat bis zu seinem letzten Deckjahr, 1976, in Hänigsen gestanden. Die beiden letzten Jahre seines Lebens verbrachte er auf dem Amselhof Walle, bevor er 1978, inzwischen 29 jährig, wegen Altersschwäche getötet werden mußte.

Gotthard ist zu seinen Lebzeiten schon zur Legende geworden. Seine international erfolgreichen Nachkommen vor allem im Springsport, aber auch in der Dressur, sind kaum noch aufzuzählen. Darüberhinaus hat Gotthard eine große Zahl von gekörten Hengsten hinterlassen, die sich großer Beliebtheit bei den Züchtern erfreuen. Es hat Jahre gegeben, in denen Reiter keine Pferde, sondern „Gotthards" kauften und es ist nicht nur einmal passiert, daß ein Gotthard-Nachkomme ohne gemustert zu sein, am Telefon zu einem hohen Preis „blind" gekauft wurde.

Gotthard hat in den Jahren seines Deckeinsatzes 1320 Stuten gedeckt, aus denen rund 750 lebende Fohlen gefallen sind. Er ist nach Ferdinand der zweite Hengst in der Bundesrepublik gewesen, dessen Nachkommen die Gewinnsumme des Vaters über eine Million Mark steigern konnten. Die letzten Nachkommen von Gotthard sind erst wenige Jahre alt — die Nachkommen-Gewinnsumme von Gotthard wird noch weiter steigen.

Links: Wer an deutsche Springpferde denkt, denkt an diesen Hengst: Gotthard.

Unten: Hölzern, mit auffallenden Gebäudemängeln, so präsentierte sich der junge Gotthard 1956.

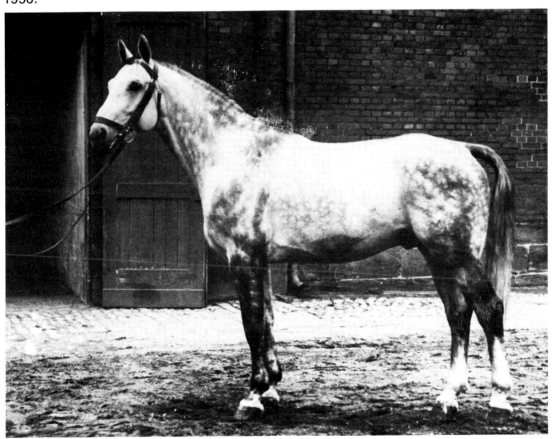

Grande

Kleiner Hengst mit großem Namen
(Hannover)

Nur die hochnoble Ahnentafel hat dem kleinen Hengst mit dem großen Namen eine sensationelle Zucht-Karriere ermöglicht. Obwohl die Anforderungen an einen Junghengst im Jahr 1960 noch nicht mit denen von heute vergleichbar waren, wäre Grande vor den Augen der Kör-Kommission mit Sicherheit durchgefallen, wenn sich in seinem Blut nicht so ziemlich alles versammeln würde, was in Niedersachsen gut und teuer ist.

Grandes Vater Graf war selbst als Vater einiger sehr bedeutender Pferde in Zucht und Sport in Erscheinung getreten, obwohl er häufig seine Deckstellen wechselte. Dies lag weniger an der Qualität des Vererbers Graf, sondern in erster Linie daran, daß er seinen Deck-pflichten oft nur ungenügend nachkam. Grandes Großvater väterlicherseits ist der renommierte Goldfisch II, der auch Vater von Gotthard ist.

Doch auch mütterlicherseits ist Grande nicht weniger nobel gezogen. Seine Mutter Duellfest, eine Staatsprämienstute (DLG-1960), ist Tochter des legendären Duellant.

Grande selbst präsentierte sich zweieinhalbjährig recht unbedeutend. Er war eigentlich zu klein, verfügte nur über knappe Linien, hatte einen kurzen Hals, eine knappe Schulter und wenig Widerrist. Sein Vorderfuß war zu flach und zu steil. Später glich er im Exterieur manchen Mangel durch sehr viel Hengstausdruck,

GRANDE

Geboren: 1958 in Niedersachsen
Lebens-Nr.:   310403258
Züchter: Robert Grothmann, Hollerdeich
Farbe: Fuchs
Abzeichen: schm. i. l. Nüs. reich Bl., l. Vf. unr. w., r. Vf. u. bd. Hf. h. w.

die gute Brusttiefe, eine gute Muskulatur in allen Partien, vor allem aber durch seinen Gang wieder aus.

Anders als bei Gotthard, der sich im Lauf seines Lebens erheblich verbesserte und den unbedeutenden Junghengst von einst in vielen Teilen seines Exterieurs vergessen ließ, ist Grande zwar in der Gesamterscheinung bedeutender geworden, seine Exterieur-Fehler lassen sich aber trotzdem nicht übersehen.

		Goldammer II	Goldschläger I
	Goldfisch II		Antille H
		Flugamme	Flugfeuer II
Graf			Amakosa H
		Flugfeuer I	Fling
	St.Pr.St. Flußspat H		Feile H
		Neafenda H	Nepote
			Stute
		Dolman	Detektiv
	Duellant		Aussicht H
		Forstweihe H	Foliant
St.Pr.St. Duellfest H			Schnepfenjagd
		Förster	Feiner Kerl
	St.Pr.St. Försterfarm H		Diwra H
		St.Pr.St. Jourene H	Journalist
			Alsterdünung

Hengstleistungsprüfung: 1961 in Westercelle
Maße: 162/172/22
Gekört: 1960 in Verden

Berühmte Nachkommen:

Gekörte Söhne: Gabriel, Garibaldi I, Garibaldi II, Gaugraf, Gilgamesch, Glander, Göteborg, Goldfalk, Gordon, Grabow, Graditz, Graf Douglas, Gralsritter, Granat, Grand Arg, Grand As, Grandduell I, Grandduell II, Grande-Gold, Grandeson, Grand Ferdinand II, Grandios I, Grandios II, Grandioso, Grandissimo, Grandkur, Grandus, Granit, Gran Marcio, Graphit, Gratulant, Grawende, Graziano, Gropius, Großfürst, Grunewald und 9 weitere gekörte Söhne.
Töchter: 231 eingetragene Stuten
Staatsprämienstuten: 35
Hauptbuchstuten: 211
1982 waren 129 Grande-Nachkommen

im Sport. Davon gewannen 20 Pferde mehr als 1.000 Mark
Nachkommen-Gewinnsumme 1982: 829.150,-- DM
Die erfolgreichsten Grande-Nachkommen: Galapagos - hann. Fuchs-Wallach unter Gabriela Grillo Mannschafts-Gold bei der Dressurweltmeisterschaft 1982. Santa Cruz - der hann. Fuchs-Wallach unter Wilhelm Bettinger war 1982 der gewinnreichste Grande-Nachkomme im Springsport (14.000,-- Mark). Grande stellte 1976 in Montreal mit Grande Giso, Grande und Gute Sitte drei Olympiapferde, die für Holland, die USA und Belgien im Preis der Nationen starteten.

Mit einem Paukenschlag begann das „züchterische" Leben Grandes schon ein Jahr nach der Körung. Er wurde nur von Lugano II bei der Hengstleistungsprüfung in Westercelle geschlagen und offenbarte schon zu diesem Zeitpunkt seine herausragenden Interieur-Eigenschaften, die er später vielen seiner Nachkommen weitergeben sollte.

Dieser gute Eindruck ist allerdings in seiner ersten Zuchtperiode wieder verwischt worden. Fünf Jahre lang stand Grande auf der ehemaligen Deckstation Achim. Von 1967 bis heute deckt er in Landesbrück.

Man kann es ruhig sagen: Er hat in Achim in den Augen der Züchter nicht befriedigt. Er vererbte in Rahmen und Größe sehr unterschiedlich und gab oft seine Schwächen in der Formation des Halses und der Sattellage an seine Kinder weiter. Viele seiner Fohlen wirkten derb und waren wenig harmonisch — Unterhälse wurden dem jungen Hengst fast als negatives Markenzeichen angehängt.

Doch die Grande-Kinder waren zu diesem Zeitpunkt noch zu jung, um die inneren Qualitäten, die sie vom Vater mitbekommen hatten, beweisen zu können. Als die ersten Grande-Nachkommen angeritten und in den ersten kleineren Prüfungen eingesetzt werden konnten, ließ sich erahnen, was in diesen Pferden steckte. Aus einer sehr gut gewinkelten und gut bemuskelten Hinterhand entwickelten sie manchmal übereilte, aber sehr raumgreifende Tritte. Viele waren zwar nervig und nicht einfach zu versammeln — doch alle zeigten bei großer Ehrlichkeit einen enormen Einsatzwillen. Grande-Nachkommen kämpften in den späteren Jahren auf allen Turnierplätzen wie die Löwen und machten ihren Vater damit immer populärer.

In der Zeit in Achim sind in den Jahren 1963 und 1965 drei Pferde gezeugt worden, die gemeinsam für verschiedene Nationen an den Olympischen Spielen 1976 in Montreal teilgenommen haben: Grande Giso, Grande und Gute Sitte. Eine ähnliche Leistung hat bisher kein anderer Hengst aufzuweisen.

Alle drei Pferde führen von der Mutterseite her viel Vollblut. Alle haben gutgelagerte Schultern und gute Sattellagen. Gerade in diesen beiden Punkten aber haben viele Grande-Kinder vorher und nachher ihre Mängel aufzuweisen. Werner Schockemöhle zieht in seinem Buch „Die großen Hengste Hannovers" daraus den Schluß, daß Grande vor allem seine Erfolge in der Anpaarung mit viel Blut führenden Stuten hat. Klar gelagerte, lange Schultern und einen prägnanten, weit in den Rücken mündenden Widerrist findet man vor allem bei Vollblütern und ihren Töchtern. Schockemöhle bedauert, daß diese Erkenntnis nicht auch in späterer Zeit beim Einsatz von Grande stärker Berücksichtigung fand. Dies erklärt nämlich, warum Grande durch einige weniger gute Nachkommen immer mal wieder in zweifelhaften Ruf gekommen ist.

Oben: Der Grande-Sohn Galapagos zählt
unter Gabriela Grillo zu den besten
deutschen Dressurpferden.

Unten: St. Cruz v. Grande unter "Hallen-
könig" Wilhelm Bellinger.

Der Grande-Sohn Großfürst — Sieger der Hengstleistungsprüfung 1978.
Der Grande-Enkel Grenadier: 1980 Zweiter der Hengstleistungsprüfung.

Der 21-jährige Grande: Das Alter hat seine Spuren hinterlassen.
Der schwere Grandison v. Grande gilt als begabter Dressurnachwuchs für Gabriela Grillo.

Hadban Enzahi ox

Der Wüstensohn auf der rauhen Alp
(Vollblut-Araber)

Das 1817 bei Stuttgart vom König von Württemberg gegründete Gestüt Weil pflegte vorrangig die Vollblutaraberzucht mit der Anpaarung von original-arabischen Pferden. Legendäre Hengstnamen sind Bairactar (1817 bis 1838), sein Sohn Amurath-1829, der auf Bairactar-Abstammung verankerte Amurath-Weil-1881 und der Original-Araber Jasir (1930 bis 1947), der bei der Übernahme durch das Haupt- und Landgestüt Marbach an der Lauter die Weiler Stutenherde begleitete. Jasir hinterließ 39 Fohlen, fünf davon noch in Weil geboren — zwanzig Hengste und neunzehn Stuten. Marbach stellte zehn Stuten und einen Deckhengst — Jason — ein. Nach Jasirs Tod züchtete Marbach mit polnisch gezüchteten Vollblutaraberhengsten, mit Wind (Wyrwidab) und Halef (Towarzysz-Pancerny). Erst mit Hadban Enzahi v. Nazeer/Kamla aus dem Ägyptischen Staatsgestüt El Zahraa wurde die Weiler Zuchtlinie fortgesetzt.

1955 kaufte der Marbacher Landstallmeister Dr. Wenzler den am 15. August 1952 geborene „Kamel" (Der Erhabene) für das Staatsgestüt, ägyptische Stutbuchnummer 97. Weil ein Staatshengst, so meinte man in Württemberg, nicht Kamel heißen könnte, wurde der Hengst auf den Namen seiner arabischen Stammfamilie umgetauft in Hadban Enzahi. Hadban Enzahi vererbte seinen Söhnen und Töchtern Schönheit, Härte und Energie und übertraf sich selbst bisweilen in Ausdruck,

HADBAN ENZAHI ox

Geboren:	1952 in Ägypten
Lebens-Nr.:	080000952
Züchter:	The Egyptian Agricultural Society, Gestüt Kafr Farouk Ein Shams
Farbe:	Schimmel
Abzeichen:	keine

Gang und Harmonie. Auf der Schwäbischen — auch oft „Rauhe" — Alb wurde Hadban Enzahi zum Besucher-Star des Gestüts. An die drei Millionen Gäste bewunderten ihn, und mit diesem ägyptischen Nazeer-Sohn gewann Marbach die alte Weiler Weltgeltung wieder: die Vollblutaraberzüchter des In- und Auslands bestürmten Dr. Wenzler mit Bitten um Hadban-Nachzucht.

Nazeer	Mansour	Gamil Manial	Saklawi II
			Dalal
		Nafaa el Saghira	
		Kazmeen	Sotam
			Kasima
	Bint Samiha		Samhan
		Samiha	Bint Hadba el Saghira
Kamla	Sheikh el Arab	Mansour	Gamil Manial
			Naffaa el Saghira
		Bint Sabah	Kazmeen
			Sabah
	Samha	Baiyad	Mabrouk Manial
			Bint Gamila
		Bint Samiha	Kazmeen
			Samiha

Hengstleistungsprüfung: keine
Maße: 153/177/19,0

Gekörte Söhne: Dahook, Dail, Didban, Diyaa, Donkey, Habashi, Haddschi Murrad, Halaf, Hamasa ibn, Hadban Hazim el Arab, Hegab el Arab, Kema, Kemir, Madkour I, Mahomed, Mali, Malik, Mameluck, Mustafa, Nabil, Sabri, Sadat, Saki, Sekrit, Sharaf, Simbel, Sindbad und weitere gekörte Söhne.
Töchter: 70 eingetragene Stuten

Hadban Enzahi prägte die Marbacher Herde in hohem Maß, und lediglich die Bitten deutscher Araberexperten, polnisch gezüchtete Hengste neben dem Ägypter zu verwenden, beeinträchtigten teils das einheitliche orientalische Bild. Dr. Wenzler korrigierte es mit dem Einsatz des Hadban-Enzahi-Halbbruders Ghazal und mit Inzucht-Einsatz von Hadban Enzahi. Die Kombination beider Ägypter-Stammbaumlinien erbrachte Spitzenpferde, die weite Teile der deutschen Vollblutaraberzucht stark beeinflussen. Am 9. August 1975 beendete ein Hitzschlag das Leben des schon zu seinen Lebzeiten legendären Hadban Enzahi, und sein Tod machte in der Weltpresse Schlagzeilen. Der Ghazal-Sohn Saher aus der Hadban-Enzahi-Stute Sahmet und der Ägypter-Rapphengst Gharib Or.Ar. setzen das Erbe des bedeutenden El-Zahraa-Schimmelhengstes fort.

Hjalmar

Blutzufuhr aus Skandinavien
(Fjordpferd)

Zu den beliebtesten Fjord-Hengsten in der Bundesrepublik gehörte der Falbe Hjalmar. Er wurde 1956 aus Dänemark importiert und hat bis zu seinem Tod im Jahr 1976 in Hessen gewirkt. Sein gutmütiger Charakter und sein anhängliches Wesen ließen ihn schnell Freunde gewinnen. Auf dem bäuerlichen Betrieb von Gottlieb Luckert wurde der Deckhengst auch zu landwirtschaftlichen Arbeiten herangezogen. Hjalmar war dabei stets sehr gutmütig im Umgang und unglaublich energisch und leistungsbereit in der Arbeit.

Obwohl Hjalmar bis dahin noch nie geritten wurde, erzählt Luckert, habe der Hengst die Reiterhilfen so gut angenommen, daß Luckert gar nicht glauben konnte, ein reiterlich rohes Pferd unter sich zu haben. Hjalmar war ein kleiner gedrungener Hengst mit ausdrucksvollem Kopf und viel Geschlechtsausdruck. Sein langer Hals wirkte in Zeiten üppiger Kondition sehr stark und bullig. Er war ein wenig überbaut, knapp im Widerrist und stand vorn etwas zehenweit. Die auffallend schwungvollen Bewegungen des Hengstes, bedingt durch die gute Länge von Oberarm und Oberschenkel, waren von ungewöhnlicher Energie beflügelt.

Hjalmars bedeutendster Sohn ist der großrahmige Hengst Heino, der auf der DLG-Ausstellung 1974 mit einem 1.Preis ausgezeichnet wurde. Bei der internationalen Fjordpferdeschau 1982 in Dreieich-Offenthal wurde Heino aufgrund seines klaren Rassetyps und seiner Ausstrahlung zum Siegerhengst erklärt. Mit bisher drei gekörten Söhnen und zwei Enkeln

HJALMAR

Geboren: 1949 in Dänemark
Lebens-Nr.: F(He) 36
Züchter: Th. Faurbye, Houer,
Muldbjerg/Dänemark
Farbe: Hellbraunfalb
Abzeichen: keine

in der Zucht sorgt Heino für den Fortbestand der männlichen Hjalmar-Linie.

Die Leistungsbereitschaft Hjalmars in Verbindung mit seiner Intelligenz und seinen guten Nerven ist ein sicheres Erbgut, das er treu an seine Nachkommen weitergegeben hat. Hjalmar-Kinder sind im Arbeits- und Sporteinsatz wegen ihrer Ehrlichkeit und Geschicktheit

		Œyarblakken	Rœdsetblakken N	Gåpå Stordal
	Dyre		Dalfruen N	Gangé Rolv
		Selma	Kåreson Eres-Fjord N	Kåre
Brix Dn			Dua N	Hauk
		Brix N	Kåreson Eres-Fjord N	Kåre
	Hardy N		Eikenesblakka N	Trygg N
		Guri	Hœivikblakken N	—
			Mette N	—
		Alf Dn	Bergfast	Dalegubben
	Prins Alf Dn		Molla N	Kandalsblakken N
		Musse Dn	gul norsk	—
Dora Skovgaard Dn			Lise, f.	—
		Hans Dn	Nordalv N	Diktator
	Bella Dn		Flyda Dn	Frimann N
		Kunni Dn	Jarnar Dn	Jarn N
			Dora Dn	Haarfager Bolsœy

Hengstleistungsprüfung: keine
Maße: 135/172/20
Gekört: 1956 in Gießen

Söhne: Haldor, Hallodri, Heini, Heino, Herling, Herzog, Hjalmar Junior.
Töchter: 81 eingetragene Stuten
Staatsprämienstuten: 6
Hauptbuchstuten: 52
1982 waren 7 Hjalmar-Nachkommen im Sport.
Nachkommen-Gewinnsumme 1982:
6.900,-- DM

sehr gefragt. Nicht allein die Eignung für den Fahrsport ist ein Vorzug der Hjalmar-Nachkommen. Vor allem eine gute Rittigkeit, die Lust und das Geschick beim Springen zeichnen seine Kinder aus.

Der Dillenburger Manfred Heinz wurde 1982 mit den vier Hjalmar-Nachkommen Deutscher Meister der Pony-Viererzugfahrer. Die Springkanone Hallodri (v.Hjalmar) war 1981 Mitglied des Pony-Meisterschaftsgespannes. Hallodri ist ein gekörter Hengst von ungewöhnlicher Springbegabung. Nach der Gewinnsummenstatistik des Jahrbuchs Zucht liegt Hjalmar 1982 an dritter Stelle der Sport-Ponyvererber, sämtlicher Rassen.

Impuls

Ein wirklicher Hauptbeschäler
(Trakehner)

Ein berühmter Hengst aus einem berühmten Stall. Er kam nicht von ungefähr, dieser Impuls, der wie kein anderer nach ihm die Trakehner Zucht in Westdeutschland beeinflußte. Impuls hieß dieser Impuls — und was gab er für Impulse...

Franz Scharfetter war einer der erfolgreichsten Privatzüchter Ostpreußens. Aus der Paarung seines ostpreußischen Spitzenhengstes Humboldt mit seiner Stute Italia fiel am 5. März 1959 ein braunes Hengstfohlen, von dem der Oberlandstallmeister a.D. Dr. Heling schon nach wenigen Tagen sagte: „Das wird ein Beschäler". Fritz-Henning Bähre kaufte überraschend dieses Fohlen und gab es zur Aufzucht in sein Gestüt Webelsgrund bei Springe. Diesem Gestüt half der Braune zu

züchterischem Ruhm. Impuls hat Webelsgrund bis zu seinem Tod 1976 nie verlassen. In seiner 20-jährigen Zuchtbenutzung deckte Impuls 425 Stuten, aus denen 221 Fohlen fielen. 122 dieser Fohlen qualifizierten sich zur Zucht. Impuls hat die meisten ins Trakehner Stutbuch eingetragenen Töchter. Kein anderer Trakehner hat so viel gekörte Söhne wie er. Wenn man die Kataloge der Reitpferdeauktionen in Kranichstein oder der Junghengstkörungen in Neumünster durchsieht, ist es gar nicht so einfach, ein Pedigree zu finden, in dem der Name Impuls nicht auftaucht. Neben seinen 16 gekörten Söhnen stammen 14 Hengstmütter von ihm.

Auch im Turniersport waren seine Kinder erfolgreich. Von 1962 bis 1975 stellte Impuls in

IMPULS

Geboren: 1953 in Bremen
Lebens-Nr.: 090011253
Züchter: Franz Scharffetter,
                Bremen-Burg
Farbe: Braun
Abzeichen: Stern, Schnp., Vf. h. w.,
                bd. l. F. gefl., r. Hbl. w.

Wiesbaden und Hamburg mit fünf Kindern und einem Enkel 14 mal den Sieger im Championat der Reitpferde. Sein Enkel Ibikus, der mittlerweile ebenfalls ein renommierter Vererber ist, siegte 1973 beim Championat in Hamburg vor der Impuls-Tochter Schwalbenburg. Georg Theodorescu mit Kleopatra und Dr. Reiner Klimke mit einem Nachwuchspferd plazierten sich hinter Otto Langels, der die beiden Impuls-Nachkommen ritt. Mit Imanuel und Dahlwitz stellte Impuls zwei olympische Dressurpferde. Impuls lieferte aber auch eine Reihe guter S-Springpferde. Die Springbegabung vieler seiner Kinder ist auf das Erbteil von Humboldt zurückzuführen.

Dr. Schilke bezeichnete Impuls, der in der Trakehner Zucht eine Verstärkerrolle spielte, als einen richtigen Hauptbeschäler — wäre er 20 Jahre früher geboren, seine Heimat hätte Trakehnen werden können.

			Jagdheld	v. Perfectionist xx
		Ararad R.	Ara	v. Polarsturm
	Hutten B.		Polarsturm	v. Optimus
		Hulluch R.	Hausnymphe	v. Ingrimm
Humboldt Db.			Christ. de Wet xx	v. Gallinule xx
		Paradox xx F.	Princ. Cherry xx	v. Red Prince II xx
	Bergamotte F.		Blanc Bec xx	v. Gemba xx
		Beate F.	Chansonette	v. Nachtwandler x
			Dingo	v. Tresor
		Dampfroß Df.	Laura	v. Passvan
	Eichendorf F.		Piqueur	v. Perfectionist xx
		Eiche F.	Einheit	v. Padorus
Italia B.			J. Pilot	v. Pilot
		Pirol F.	Hilda	v. Petros
	Ita B.		Markeur	v. Padorus
		Ilse B.	Stute	v. Thermometer

Hengstleistungsprüfung: keine
Maße: 164/197/22,0
Gekört: 1956

Gekörte Söhne: Auftakt, Baron, Benjamin, Hurrican, Hydros, Imperial, Kapitän, Karneol, Kassius, Marcellus, Mikado, Schwalbenflug, Schwalbenfreund, Schwalbenzug, Schwarzdorn, Sinus, Sturmwind.
Töchter: 128 eingetragene Stuten
Hauptbuchstuten: 121
sowie zwei DLG-Ausstellungsstuten.
1982 waren 18 Impuls-Nachkommen im Sport. Davon gewann ein Pferd

mehr als 1.000 Mark.
Nachkommen-Gewinnsumme 1982: 153.800,-- DM
Die erfolgreichsten Impuls-Nachkommen: Imanuel (früher Kassim) - Trakehner Fuchs-Wallach, der 1972 in München für die DDR in der Olympischen Dressur startete. Dahlwitz - hannoverscher Fuchs-Wallach, der 1976 in Montreal für die USA in der Olympischen Dressur startete.

Jiggs

Entwicklungshilfe aus Amerika
(Shetland)

Als der amerikanische Shetlandpony-Hengst Jiggs am 10.Januar 1966 deutschen Boden betrat, war er hierzulande vollkommen unbekannt. In seiner Heimat aber war er schon lange ein gefragter Vererber, denn er trug den Titel des Champions der Vereinigten Staaten.

Jiggs wurde von dem bekannten Züchter Dieter Grober für die deutsche Shetlandponyzucht erworben. Er hatte die Aufgabe, das Deutsche Shetlandpony zu veredeln und aus den derben grasbäuchigen Kleinpferden elegante und hübsche Freizeitpartner zu machen. Das ist ihm gelungen. Jiggs wurde zum bedeutendsten Vererber in der niedersächsischen Shetlandponyzucht. Durch diesen Hengst wurde die Umzüchtung des Arbeits-

und Wirtschaftsponys zum Freizeitpferd um Jahre verkürzt. Heute spielen seine Söhne und Enkel eine bedeutende Rolle in der gesamten deutschen Zucht.

Jiggs ist ein großrahmiger Hengst in schwarzbrauner Jacke mit gutem Geschlechtsausdruck. Kräftige Sprunggelenke zeichnen sein korrektes Fundament aus. Am ausdrucksvollsten aber ist sein Gang, der schwungvoller und elastischer für ein Pferd dieser Rasse kaum sein kann. So sind alle Jiggs-Nachkommen durch Schönheit und Gangvermögen gekennzeichnet.

Entscheidend trug Jiggs zur Verbesserung des Shetlandponys für Turnierzwecke bei. Er selbst wurde von 1968 bis 1975 erfolgreich im Ein- und Zweispänner auf Turnieren vorge-

JIGGS

Geboren:	1958 in USA
Lebens-Nr.:	P 232
Züchter:	Donald E. und Mildred W. Oberlaender, Illinois
Farbe:	Schwarzbraun
Abzeichen:	keine

stellt. Das ist um so erstaunlicher, da er als Deckhengst im Gestüt von Dieter Grober freilaufend in der Herde eingesetzt wurde. Er bewachte und hielt seine 30-köpfige Herde immer zusammen und niemand durfte ungestraft eine Stute oder ein Fohlen aus der Herde entfernen. Wenn es aber ans Arbeiten ging, war Jiggs sofort voll da und einsatzbereit.

Vater:		
	Mack Larigo	King Larigo
		Nest
Larigo's Cresent Supreme (USA)		
	Jolly Cresent Diane	Ewing's Silver Flash
		Silver Diane Cresent
Mutter:		
	King's xx	Silver King xx
		Larigo's Betty
King's Glora Road (USA)		
	Silver King's Glory	Silver King x
		Colcbrook Morning Glory

Hengstleistungsprüfung: keine
Maße: 105/-/16,5
Gekört: 1966 in Lehrte

Söhne: Jack, Jecko, Jägermeister, Jimmy, Johkurt, John, Jokertuam, Junior, Jupiter, Sir James.
Töchter: 50 eingetragene Stuten
Staatsprämienstuten: 8
Hauptbuchstuten: 45
sowie drei DLG-Ausstellungsstuten

Jiggs größter Ausstellungserfolg in Deutschland war die Verleihung der Silbernen FN-Medaille für seine erfolgreiche Nachzucht. Drei Jiggs-Töchter konnten 1980 auf der DLG in Hannover den Bundessiegerpreis erringen. Sein Sohn Jägermeister wurde bester Junghengst auf der Körung 1973 und wurde Reservesieger auf der 2. Hengstschau in Luhmühlen 1978.

Jiggs genoß noch im Alter von 25 Jahren seinen Lebensabend im Gestüt von Dieter Grober im niedersächsischen Clus-Bad Gandersheim.

Julmond

Vom Wagenpferd zum Hauptbeschäler
(Trakehner/Württemberg)

Julmond — kaum ein anderer Hengst in der Deutschen Warmblutzucht hat eine so wechselvolle Geschichte hinter sich, wie dieser ostpreußische Fuchs.

Im äußeren Erscheinungsbild riß der Hengst einen Pferdekenner nicht gerade vor Begeisterung vom Stuhl. Im Gegenteil: Julmond war vor allem in jungen Jahren ein eher langweiliger Hengst ohne auffällige Pluspunkte. Dafür hatte er ausreichend Schwächen: Im Hinterbein war er recht steil mit schmalen, angedrückten Sprunggelenken. Im Gang war er schwungvoll aber nicht regelmäßig.

Vier Jahre war Julmond Landbeschäler in Diensten der preußischen Gestütsverwaltung — bis zur Flucht Ende 1944. Im Winter 44/45 führte Julmond einen Georgenburger Treck

als Leitpferd Richtung Westen. Er gehörte zu den unzähligen ostpreußischen Pferden, die durch beispiellosen Einsatz, eiserne Härte und ungebrochene Treue tausenden von Menschen das Leben gerettet haben. Was zählt da ein angedrücktes Sprunggelenk, ein gerades Hinterbein oder ein unregelmäßiger Bewegungsablauf?

In den Wirren der Nachkriegszeit kam Julmond in das Nordrhein-Westfälische Landgestüt Warendorf. Sein dortiger Aufenthalt stand unter einem unglücklichen Stern. Dem Hengst wurden wenig Chancen gegeben. Zwei Jahre war er Landbeschäler bis er auf die Reserveliste kam und zum Reit- und Wagenpferd degradiert wurde.

Als er 13-jährig den Weg zum Schlachthof

JULMOND

Geboren:	1938 in Ostpreußen
Lebens-Nr.	09/00123/38
Züchter:	Mickoleit, Rautengrund/ Ostpreußen
Farbe:	Fuchs
Abzeichen:	kl. St., l. Vfs. u. bd. Hf. w.

antreten sollte, wehrten sich die Gestütsbeamten. Julmond hatte trotz aller Exterieur-Schwächen so viele Vorzüge, daß er überall schnell Freunde gewann. Er war unbestechlich im Charakter und erstklassig im Temperament und bei den Gestütsbeamten beliebt wie kein anderer Hengst. Und dann geschah etwas, was in die Geschichte der deutschen

Julianus Db.	Memelländer B.	Markeur Db.	Padörus	v. Schönbrunn xx
			Nelke	v. Marquis
		Olga B.	Procurist	v. Orcus
			Stute	v. Hidalgo
	Jule B.	Jahresminister Hb.	Justizminister	v. Boulevard xx
			Jahresrente	v. Elton
		Juno F.	Attakeur	v. Orcus
			Judit	—
Pady F.	Padischah Schwb.	Apis F.	Paladin	v. Adonis xx
			Apanage	v. Rustic xx
		Prinzessin R.	Halm	v. Venerato
			Praecise	v. Censor
	Stute	Skandinavier F.	Skat	v. Padorus
			Stute	v. Hadrian
		Stute	Aureus	v. Catarakt
			Stute	v. Catarakt

Hengstleistungsprüfung: keine
Maße: 163/190/21,5
Gekört: 1940 in Ostpreußen und 1946 in Warendorf

Berühmte Nachkommen:

Gekörte Söhne: Absolut, Absynth, Achill, Adjutant, Ajax, Armin, Chrispin, Hatto, Illo, Ikarus, Jäger, Jafet, Jakob, Jamin, Jerob, Joab, Job, Jod, Jodler, Jonas, Jonny, Juchart, Jufil, Jugol, Jugor, Julfeuer, Julfritz, Junker, Jup, Jurist, Lajos, Lord, Lothar, Taifun, Waldmann.
Töchter: 61 eingetragene Stuten
Hauptbuchstuten: 51, davon mehrere DLG-Ausstellungsstuten.
1982 waren keine Julmond-Nachkommen mehr im Sport.
Nachkommen-Gewinnsumme: 10.000,-- DM

Landgestüte einging: Die Gestütsbeamten finanzierten Julmonds Unterhalt aus eigener Tasche und retteten ihn vor dem Schlachttod.
Im Jahre 1954 erwarb der Privatzüchter Dr. Brinkhaus den Hengst für seine Stuten, die er in Hohenheide bei Warendorf stehen hatte. Zwei Jahre später kam Julmond mit einigen seiner Nachkommen nach Breithühlen in das ehemalige württembergische Remontedepot. Hier entdeckte ihn der damalige Leiter des nahegelegenen Landgestüts Marbach, Landoberstallmeister Dr. Wenzler. Aufgrund von Julmonds Nachzucht in Breithühlen kaufte er den schon 22-jährigen Fuchs und mit ihm einige qualitätvolle Söhne. Unter anderem auch den Fuchshengst Ikarus, der später einer der bedeutendsten Julmond-Söhne in der württembergischen Zucht wurde.

Als älteste Neuerwerbung des Hengstbestandes bezog Julmond 1961 eine Hauptbeschälerbox in Marbach. In den folgenden vier Jahren bis zu seinem Tod hinterließ er über 140 Nachkommen im besten Typ. 20 seiner Töchter wurden in die Stutenherde des Hauptgestüts aufgenommen, 35 gekörte Söhne lieferte er der Zucht. Eine so große Zahl hat vor und nach ihm kaum ein Hengst in Württemberg erreicht. 1983 stehen noch vier Julmond-Söhne in der Zucht: Lajos, Jod, Armin und Jugol.

Julmond wurde zum großen Gründerhengst der modernen württembergischen Warmblutzucht. Er hat sich besser vererbt, als er selbst war. Er war ein Stempelhengst, ein sicherer Vererber und Veredler. Er gab dominant seinen ostpreußischen Adel, den schön getragenen Hals und eine gute Schulter mit. Auch die Fundamente hat er verbessert. Sie sind gekennzeichnet durch trockene Gelenke und kurze Röhren, auch wenn die Sprunggelenke manchmal Wünsche übrig ließen. Seine Nachkommen waren als Reitpferde begehrt,

denn sie hatten denselben ehrlichen Charakte und das gutartige Temperament des Vaters.

Als Julmond am 13. März 1965 einem Herzschlag erlag, endete ein bewegtes Pferdeleben, das seinen Höhepunkt in einem Alter fand, das andere Pferde gar nicht erreichen. Julmond wurde oberhalb des Gestütes am Rande der Marbacher Weiden beigesetzt. Ein Gedenkstein erinnert noch heute an diese einmalige Pferdepersönlichkeit, von der Dr. Wenzler in einem Nachruf schrieb: ,,Es scheint wie eine Fügung, daß uns dieser Hengst geschenkt wurde in einer Zeit des Umbruchs, die gebieterisch neue Entwicklungen in der Zucht forderte. Er ist zum Regenerator der württembergischen Warmblutzucht geworden. Seine Leistungen und Verdienste werden in der Pferdezucht lebendig bleiben.

Julmond war eine Pferdepersönlichkeit von hohen Graden durch seine Klugheit, seine Anhänglichkeit, sein überaus anständiges Wesen. Aber ebenso durch sein Feuer, die Echtheit seines Wesens ist er uns zum täglichen Erleben geworden.''

Der DLG-Ausstellungshengst Jugol (v. Julmond) war 1983 Hauptbeschäler in Marbach,

Der Julmond-Sohn Armin begeistert in Schaunummern immer wieder als Aktionstraber.

Der Fuchshengst Ikarus war einer der besten Julmond-Söhne im Haupt- und Landgestüt Marbach.

Kaisoon Or.Ar.

Präsident Nassers großes Geschenk
(Vollblut-Araber)

Die wichtigsten Vollblut-Araber nach dem Zweiten Weltkrieg haben den für Jahrzehnte bedeutendsten Hengst aus dem Staatsgestüt El Zahraa zum Vater: Den legendären Nazeer, der in späten Jahren auch noch in den USA für Furore sorgte. Hadban Enzahi ist ein Nazeer-Sohn, genau wie der später in die Bundesrepublik gekommene Kaisoon.

Dieser herrliche Schimmelhengst, der nicht weniger als Hadban Enzahi ein Bild von einem Wüstenaraber ist, besticht ebenfalls durch sein ausgeglichenes, dem Menschen zugewandtes Wesen. Die Bedeutung, die beide Nazeer-Söhne für die Vollblut-Araberzucht vor allem in der Bundesrepublik haben, ist über die Maßen groß.

Kaisoon war ein Geschenk des damaligen ägyptischen Staatspräsidenten Nasser an die Bundesrepublik. Und was macht man nun mit solch einem Staatsgeschenk? Anläßlich einer ,,Ägyptischen Woche'' in Duisburg wechselte der fünfjährige Hengst 1963 in das kleine Gestüt des Duisburger Zoos. Zoodirektor Dr. Gewalt hatte sich schon vorher mit viel Aufmerksamkeit und besonderem Interesse der Pferdezucht im Zoo gewidmet.

Kaisoon gelang in der Zucht Europas ein kometengleicher Aufstieg. Im Jahr 1983, als er seinen 25. Geburtstag feiern konnte, näherte sich die Zahl seiner Nachkommen dem halben Tausend.

KAISOON Or. Ar.

Geboren:	1958 in El Zahraa/Ägypten
	importiert 1963
Lebens-Nr.:	080020258
Züchter:	Egyptian Agricultural Organization (E.A.O.) (Society)
Farbe:	Schimmel
Abzeichen:	keine

Kaisoon ist zwar nie im Turniersport eingesetzt gewesen, wurde aber in der dem Zoo angegliederten Reitschule immer stark benutzt. Er kann als ausgeglichenes Vielseitigkeitspferd mit guten Bewegungen bezeichnet werden.

Kaisoon ist in der deutschen Araberzucht zu einem Stempelhengst geworden. Er hat seinen Nachkommen neben der trockenen Textur und dem nicht zu übersehenden Wüstenadel vor allem die wichtigen inneren Werte

		Gamil Manial	Saklawi II
	Mansour	Nafaa el Saghira	Meanaghi Sebili
Nazeer		Kazmeen	Sotamm
	Bint Samiha		Kasima
		Samiha I	Samhan
			B.Hadba el Saghira
		El Deree	Saklawi Sheifi db
	Sid Abouhom		Saklawi Sheifiya
		Layla	Ibn Rabdan
Bint Kateefa			Bint Sabah
		Sahloul	Ibn Rabdan
	Kateefa		Bint Radia
		Bint Rissala	Ibn Yashmak
			Rissala

Hengstleistungs-
prüfung: keine
Maße: 154 cm
Stockmaß

Berühmte Nachkommen:

Gekörte Söhne: Estroon, Koraisa, Kasyd, Kaidal, Kanar, Padischah, Koran, Tufail, Farouss, Kahir, Khalil, Sethos, Kaidalan, Kestron, Dayka, Fort, Timber, Maymoon, Kasos, Kaidal, Gharoon, Rakai, Kaipolan, Kalif, Kairos, Dziskan, Shareef, Khaiber und drei weitere.
Töchter: 135 eingetragene Stuten

weitergegeben: Ausgeglichenheit, Gutmütigkeit und große Leistungsbereitschaft. Unter seinen Söhnen und Töchtern sind Vollblut-Araber in hervorragendem Modell, typsicher, oft sehr lebhaft bei guten Leistungen. Noch im Alter von 25 Jahren ist Kaisoon ein gefragter Beschäler, Stuten aus der ganzen Welt stehen auf seiner Deckliste.

Komet

Wertvoll gezogen — wertvoll vererbt (Trakehner/Bayern)

Der ausdrucksvolle Rappe gehörte zu den vielen Hengsten, die nicht nur die Trakehner Zucht, sondern auch andere Landespferdezuchten beeinflußten. Komet hat vor allen Dingen in Bayern deutliche Spuren hinterlassen.

Bevor Komet 1962 nach Bayern ging, gehörte er in der Trakehner Zucht zu den gefragtesten Hengsten. Er war dort aufgestellt, wo er geboren wurde: In Schmoel, einem der schönsten und qualitätvollsten Gestüte der Trakehner Zucht. Auf den riesigen Weiden, die zum Teil direkt an die Ostsee grenzen, genoß der Rappe eine bestmögliche Aufzucht bevor er 1955 in Zuchtwertklasse I gekört wurde. Seine Mutter Kokette wurde noch im Hauptgestüt Trakehnen geboren und gehörte

dem Trakehner Verband. Neben der Stute Polarfahrt war sie diebeste Stute, die aus dem Osten gerettet werden konnte. Auch Komets Vater Goldregen hatte die einfache Elchschaufel auf dem rechten Hinterschenkel. Er war ein Pythagoras-Enkel und gehörte dem gleichen Geburtsjahrgang an wie Abglanz.

Bereits als Dreijähriger wurde Komet auf einer DLG-Ausstellung gezeigt. 1955 in München wurde er mit dem Ersten Preis und einem Ehrenpreis ausgezeichnet. 13 Jahre später erhielt der 18-jährige an gleichem Ort aus gleichem Anlaß wiederum einen Ersten Preis. Eine Kollektion bayerischer Komet-Töchter wurde ebenfalls prämiert. Komet bestach durch seinen Charme, seine Harmonie und die Ausgeglichenheit, die er ausstrahlte. Er war wun-

KOMET

Geboren: 1952 in Schmoel/Holstein
Lebens-Nr.: 090013052
Züchter: Trakehner-Verband,
Hamburg
Farbe: Rappe
Abzeichen: weiße Haare v. d. Stirn,
l. Vfs., l. Hf. w.

derhübsch, gut proportioniert in den Körperpartien und konnte sich schwungvoll bewegen.

Komet hinterließ der Trakehner Zucht eine Reihe sehr guter Mutterstuten und vor allem erfolgreiche Beschäler. Über seine bekanntesten Söhne, Hessenstein, Gunnar und Herbststurm, ist er heute in unendlich vielen Pedigrees zu finden.

Goldregen B.	Creon B.	Pythagoras Db.	Dampfroß	v. Dingo
			Pechmarie	v. Tempelhüter
		Cremona Schwb.	Ararad	v. Jagdheld
			Creta	v. Elsässer
	Goldelse R.	Polarstern R.	Astor	v. Wolkenflug
			Polare	v. Waldjunker
		Gondel R.	Waldjunker	v. Vasco
			Hanna	v. Musterknabe
Kokette B.	Cancara Sch.	Mast. Magpie xx F.	Gallinule xx	v. Isonomy xx
			Meddlesome xx	v. St. Gatien xx
		Cymbal Sch.	Nana Sahib x	v. Roitelet xx
			Christrose	v. Elwin
	Kokarde R.	Ararad R.	Jagdheld	v. Perfectionist xx
			Ara	v. Polarsturm
		Kaiserkrone R.	Parsee xx	v. metal xx
			Kaiserin	v. Rhamses xx

Hengstleistungsprüfung: keine
Maße: 160/192/20,5
Gekört: 1955 in Lübeck

Gekörte Söhne: Cordial, Gunnar, Hessenstein, Herbstglanz, Herbststurm, Kolomann, Kommandeur, Kommers, Kongo, Konsul, Kormoran, Krokus.
Töchter: 103 eingetragene Stuten
Staatsprämienstuten: 6
Hauptbuchstuten: 81
1982 waren 8 Komet-Nachkommen im Sport.
Nachkommen-Gewinnsumme 1982: 79.400,-- DM

Nach 1962 war Komet 18 Jahre für die Bayern aktiv. Er war Hauptbeschäler im Staatsgut Achselschwang und lieferte dort auch der bayerischen Zucht eine Reihe sehr guter Hengste. Seine Söhne Kolomann und Kommandeur sind bis zu den Dressurlektionen der Klasse S ausgebildet und genießen auch als Vererber in Bayern einen erstklassigen Ruf.

Komet war für die bayerische Landespferdezucht ein ausgesprochener Veredler, der seinen Charme und seine Eleganz an seine Nachkommen weitergegeben hat. Allerdings hat die Nachzucht nicht immer den gewünschten Rahmen erkennen lassen. Aber seine Kinder waren immer einsatzfreudig, sportlich talentiert und erstklassig im Charakter.

Ladykiller xx

Der richtige Hengst zur richtigen Zeit
(Vollblut/Holstein)

Die GAG-Werte eines Vollblut-Hengstes, der in der Warmblutzucht Verwendung finden soll, sind in bezug auf die Leistungsfähigkeit des Vatertieres ein wichtiger Hinweis. Mehr allerdings sollten sie wohl nicht sein.

Markantes Beispiel dafür ist der Vollblüter Ladykiller xx. Er kann nur ein GAG von 80,5 Kilo aufweisen. Ein Kilo weniger als dieses Generalausgleichsgewicht und der Hengst wäre in der Holsteiner Zucht nicht einzusetzen gewesen — 80 Kilo GAG ist die Grenze.

Trotzdem ist Ladykiller xx zum wichtigsten Vollblut-Hengst in der Umzüchtungsphase des Holsteiner Pferdes geworden — und es hat viele Vollblüter in dieser Zeit gerade in der Zucht des nördlichsten Bundeslandes gegeben.

Ein Blick auf diesen Hengst genügt dem geschulten Auge allerdings, um zu erkennen, daß dieser Hengst im Exterieur die Merkmale aufweist, die gerade in der so schwierigen Phase ab Mitte der sechziger Jahre in der Holsteiner Zucht notwendig waren: Große Linie, vor allem die ausgezeichnet gelagerte Schulter, gute Halsung bei eindrucksvollem Ausdruck und trocken in der Textur. Wenig Vollblüter, die in der deutschen Warmblutzucht Verwendung gefunden haben, waren imposanter und harmonischer in ihrem persönlichen Erscheinungsbild.

Ladykiller xx ist 1961 in England geboren und wurde vom Holsteiner Verband vier Jahre später gekauft und als Deckhengst aufgestellt.

LADYKILLER xx
Geboren: 1961 in England
Lebens-Nr.:   064000861
Züchter: Mrs. A. L. Adda/England
Farbe: Braun
Abzeichen: r. Hfs. w.

Er kam auf die Station Haselau, wo er auf einer sehr konsolidierten Stutengrundlage veredelnd wirken konnte. Der Hengst wurde von Beginn an sehr stark benutzt und sein erster Jahrgang war auch gleich ein Paukenschlag: 12 seiner Söhne wurden 1967 zur Körung gestellt.

Sailing Light	Blue Peter	Fairway	Phalaris
			Scapa Flow
		Fancy Free	Stefan the Great
			Celiba
	Solar Cygnet	Hyperion	Gainsborough
			Selene
		Sweet Swan	Cygnus
			Swietenia
Lone Beech	Loaningdale	Colorado	Phalaris
			Canyon
		Perfection	Orby
			Zenith
	Fartuch	Apron	Son-in-Law
			Aprille
		Boiarinia	Viceroy
			Vilna

Rennleistung:
GAG
80,5 kg
Maße 164/190/
21,0
Gekört: 1965 in
Elmshorn

Berühmte Nachkommen:

Gekörte Söhne: Labrador, Ladalco, Laertes, Lagos, Lambert I, Lambert II, L'amour, Lancaster, Lancelot, Landgraf I, Landgraf II, Landherr, Landmann, Lando, Landrat, Landsknecht I, Landsknecht II, Landsturm, Landvogt, Laredo, Largo, Lasso, Latino, Latus, Leander, Lehar, Leopart, Lepanto, Leporello, Lexius, Libretto, Lido, Liostro, Livorno, Locarno, Lord, Lorenz, Lucky Kid.
Töchter: 113 eingetragene Stuten
Staatsprämienstuten: 28
Hauptbuchstuten: 92, davon 6 DLG-Ausstellungsstuten.
1983 waren 101 Ladykiller xx-Nachkommen im Sport. Davon gewannen

19 Pferde mehr als 1.000 Mark.
Nachkommen-Gewinnsumme 1982: 583.800,-- DM.
Erfolgreiche Ladykiller xx-Nachkommen: Landgräfin - Br. Holsteiner-Stute unter Hugo Simon 1982 12.500,-- Mark Gewinnsumme aus Springprüfungen.
Ladalco - Holsteiner Schimmel-Wallach unter Helmut Rethemeier 1978 bei der Vielseitigkeits-Weltmeisterschaft in Lexington/USA Silber in Mannschaft und Bronze im Einzelwettbewerb.
Ladad - Holsteiner Fuchs-Wallach unter Herbert Blöcker bei der Vielseitigkeits-Weltmeisterschaft 1982 in Luhmühlen Mannschafts-Silber.

Kurze Zeit wirkte der Hengst auch auf den Stationen Gr. Buchwald und Siethwende, um ab 1976 bis zu seinem Ausscheiden drei Jahre später wieder in Haselau aufgestellt zu sein, wo er zweifellos die größten Erfolge hatte. Ladykiller xx kann heute ohne Einschränkung als der wichtigste Vollblüter in der Holsteiner Pferdezucht bezeichnet werden. Der Hengst ist ein konstanter Vererber gewesen, der sich über viele ausgezeichnete Stuten und eine große Zahl von herausragenden Hengst-Söhnen für eine lange Zuchtperiode unentbehrlich gemacht hat.

Wie bei vielen wirklich großen Leistungsvererbern hat Ladykiller xx keine besondere Domäne: Er hat gleichermaßen herausragende Mütter, Söhne und bis in den ganz großen Sport erfolgreiche Sportpferde gemacht. In dieser Hinsicht wirken auch viele seiner Söhne weiter, von denen in den vergangenen Jahren besonders der Hengst Lord aufgefallen ist. Lord ist Vater des Springpferdes Livius und

vieler anderer im Springsport außerordentlich erfolgreicher Pferde. Auch innerhalb des Sports sind die Ladykiller-xx-Nachkommen vielseitig. In Springen und Vielseitigkeit stellte Ladykiller xx international erfolgreiche Nachkommen — nur in der Dressur ist seine Nachkommenschaft nicht in ähnlich bedeutendem Maß aufgefallen.

Nach den Jahren der erfolgreichen Umzüchtung des Holsteiner Pferdes, die durch Ladykiller xx ganz besonders, aber auch durch andere Vollblüter bewirkt worden war, trat der Einfluß dieses Hengstes zugunsten der Konsolidierung der Zucht in den letzten Jahren seines Lebens etwas zurück. Doch dies kann der großen Bedeutung dieses Braunen keinerlei Abbruch tun. Über seine vielen gekörten Söhne, die auch außerhalb Holsteins erfolgreich in anderen Zuchtgebieten wirken, hat er sich eine breite Hengstlinie geschaffen, die noch in vielen Jahren großen Einfluß haben wird.

Unten: Unter Herbert Blöcker nahm Ladad (v. Ladykiller) 1982 an der Vielseitigkeits-
Weltmeisterschaft in Luhmühlen teil.

Lotse

Der Vererber-Star in Hessen
(Hannover/Hessen)

Der erfolgreichste hessische Landbeschäler der Nachkriegszeit kam aus Hannover. Lotse war der erste gekörte Sohn des Celler Landbeschälers Lugano I. Er wurde 1962 in Verden gekört und war ursprünglich für Celler Dienste vorgesehen. Aber Dr. Armin Holzrichter konnte sich den Fuchs für Dillenburg sichern.

Als Landstallmeister von Dillenburg suchte Holzrichter nach einem modernen Hengst, der den Leistungsanforderungen des Sports züchterisch gerecht werden konnte. Hessen befand sich zu dem Zeitpunkt in der Umzüchtungsphase vom schweren Warmblüter zum gängigen Reitpferd, entsprach. Niemand konnte damals ahnen, daß Holzrichter mit diesem Fuchs den späteren Linienbegründer der hessischen Reitpferdezucht importierte.

Lotse war ein nobler Hengst mit gut angesetztem Reithals und langer schräger Schulter. Durch den etwas hoch angesetzten Schweif hätte seine Kruppe abfallender sein können, seine Hinterhand jedoch war gut gewinkelt — der Motor war da.

Lotse war von Anfang an beliebt bei den Züchtern zwischen Darmstadt und Kassel. Durch seine imponierende Erscheinung mit viel Hengstausdruck hatte er sich über mangelnden Damenbesuch nicht zu beklagen. Heute hätte er sicherlich mit Startschwierigkeiten zu kämpfen. Mit einem Stockmaß von 161 Zentimetern hätte er den heutigen Züchter-Wünschen nur knapp entsprochen. Glücklicherweise war das Anfang der sechziger Jahre noch anders.

122

LOTSE

Geboren:	1960 in Niedersachsen
Lebens-Nr.:	610023060
Züchter:	Walter Wichert, Nesse, Kr. Wesermünde
Farbe:	Fuchs
Abzeichen:	Bl., Utl., w., r. Vf. w., bd. Hf. Hochw.

Lotse verbesserte vor allem Typ, Ausdruck und Gangmanier der Hessen-Stuten, die vorwiegend auf Oldenburger Grundlage gezogen waren. Seine eigenen Leistungsveranlagungen setzte er gegenüber allen Stuten durch. Lotse war als Reit- und Schulpferd selbst in der Lage, mittelschwere Anforderungen in Dressur- und Springübungen mit Gehorsam zu erfüllen. In seinen 15 Dienstjahren als Dil-

Lugano Hann.	Der Löwe xx	Wahnfried xx	Flamboyant	v. Tracery xx
			Winnica	v. Kottingbrunn
		Lehnsherrin	Herold	v. Dark Ronald
			Lapis Electrix	v. Fervor xx
	Altwunder	Albaner	Allweiser III	v. Alpenflug
			Feine	v. Feiner Kerl
		Friesentreue	Friesenkönig	v. Feiner Kerl
			Dobe H	v. Dolman
Dünenflora Hann.	Dwinger	Detektiv	Desmond	v. Defregger
			Kalabaka H	v. Khedive
		Flintje H	Flint	v. Flingarth
			Dakiza	v. Dünaburg
	Negerfräulein	Neringo I	Nenner	v. Nelusco
			Fikonda	v. Flamingo
		S 3146	Nagel	v. Notatus
			Calkiwa	v. Colonis

Hengstleistungsprüfung: 1963 in Dillenburg
Maße: 161/191/22,5
Gekört: 1962 in Verden

Gekörte Söhne: Logos, Lord, Loriot, Luchino
Töchter: 188 eingetragene Stuten
Staatsprämienstuten: 22
Hauptbuchstuten: 134, davon 22 DLG-Ausstellungsstuten
1982 waren 87 Lotse-Nachkommen im Sport. Davon gewannen 14 Pferde mehr als 1.000 Mark.
Nachkommen-Gewinnsumme 1982: 273.700,-- DM

lenburger Landbeschäler hinterließ Lotse über 250 eingetragene Turnierpferde. 1982 stand er nach der Jahresgewinnsumme seiner Nachkommen an neunter Stelle von 347 Hengsten. Die Hessische Zucht ist mit Jahrbuch-Zahlen nicht so verwöhnt wie etwa Hannover oder Westfalen. Das Zuchtgebiet ist kleiner, die Anzahl der eingetragenen Stuten geringer. Deshalb muß man die Erfolge der Lotse-Nachkommen, seine gekörten Söhne und die Anzahl seiner eingetragenen Stuten in Relation sehen zu anderen hessischen Hengsten. Und unter diesem Gesichtspunkt hat Lotse für Hessen Bedeutendes geleistet.

Lugano I

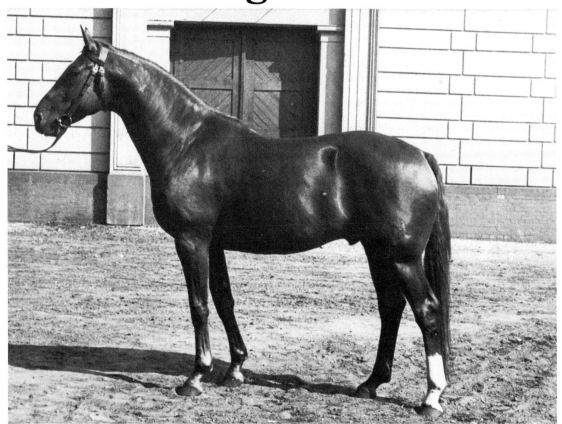

Ein Vererber für das Viereck (Hannover)

Aus dem Heimatstall Gotthards stammt der 1956 gekörte Halbblüter Lugano I. Vier Jahre später folgte ihm sein Bruder Lugano II, der 1961 mit dem Gewinn der Hengstleistungsprüfung in die Fußstapfen seines älteren Bruders zu treten schien, der dieselbe Prüfung in Westercelle 1957 gewonnen hatte. Obwohl Lugano II in Zucht und Sport deutliche Spuren hinterließ, erlangte er doch nie die Bedeutung seines Bruders.

Lugano I stand bei einer Größe von 162 Zentimetern im mittleren Rahmen, war aber deutlich größer als sein Vater Der Löwe xx. Er war ein typischer Halbblüter mit hübschem Gesicht, aber etwas wenig Geschlechtsausdruck. Sein Hals war ein wenig tief angesetzt, seine Kruppe war kurz, das Fundament korrekt und

die Bewegungen sehr gut. Er stand 14 Jahre auf der Station Nesse und wechselte 1972 mit 18 Jahren nach Altenbruch. Dort hat er noch eine Reihe sehr guter Pferde gemacht. 1980 wurde er wegen Altersschwäche im gesegneten Alter von 26 Jahren getötet.

Lugano I war ein erstklassiger Lieferant von Material- und Dressurpferden. Seine Kinder waren sehr typvoll, hatten Flair und mit ihren leichtfüßigen Bewegungen konnten sie manchen Material-Richter für sich gewinnen. Durchweg wurde die Rittigkeit der Lugano I-Nachkommen gelobt. Aus dem Material-Alter herausgewachsen, eigneten sie sich meist für höhere Dressuraufgaben. Seine Kinder Lenard, Lunebotin und Lucky trugen entscheidend dazu bei, daß der Celler Fuchs 1978

LUGANO I

Geboren:	1954 in Niedersachsen
Lebens-Nr.:	310396354
Züchter:	R. Kords, Achthöfen, Kr. Land Hadeln
Farbe:	Fuchs
Abzeichen:	Keilst. nStr., kl. Schn., l. Hfw.

der erfolgreichste Dressurpferdevererber in Deutschland war.

Die Lugano I-Söhne waren außerhalb Hannovers sehr begehrt. Der Fuchs Lotse wurde im hessischen Landgestüt Dillenburg zum grossen Vererberstar (siehe Lotse). Drei Lugano I-Söhne gingen nach Belgien. Unter ihnen hat sich ein Sohn gleichen Namens als Springpferdevererber entpuppt. Dieser Lugano genießt in der belgischen Landespferdezucht einen erstklassigen Ruf. Selbst die DDR und Südwestafrika wurden von Celle aus mit Lugano I-Blut versorgt.

Sein erfolgreichster Sohn im Landgestüt war der Braune Lukas, der nur 13 Jahre alt wurde, in seiner kurzen Deckzeit aber 18 gekörte Söhne lieferte. Der qualitätvollste unter seinen Söhnen ist der edle Luciano, der als Privatbeschaler bei Vorwerk in Cappeln aufgestellt ist. Er verbreitet das Lugano I-Blut in der Oldenburger Zucht.

		Flamboyant xx	Tracery xx
			Simonath xx
	Wahnfried xx	Winnica xx	Kottingbrum xx
			Orsza xx
Der Löwe xx		Herold xx	Dark Ronald xx
			Hornisse xx
	Lehnsherrin xx	Lapis Electrix xx	Fervor xx
			Leben u. Lebenlassen xx
		Allweiser III	Alpenflug II
			Sportinsel H
	Albaner	Feine	Feiner Kerl
			Narbenda H
Altwunder H		Friesenkönig	Feiner Kerl
			Egalla
	Friesentreue	St.Pr.St. Dobe	Dolman
			Flottenauslauf

Hengstleistungsprüfung: 1957 in Westercelle
Maße: 162/191/20,7
Gekört: 1956 in Verden

Gekörte Söhne: Herold, Landdrost, Laroche, Latour, Leibwächter I, Leibwächter II, Leonidas, Leopard, Lessing, Leuchtfeuer, Liebling, Löwenherz, Lohengrin, Lotse, Luchs, Luckner, Ludendorf, Lützow, Lugano van la Roche, Lukant, Lukas, Lukull, Luxor und 12 weitere gekörte Söhne.
Töchter: 303 eingetragene Stuten
Staatsprämienstuten: 51
Hauptbuchstuten: 278

1982 waren 63 Lugano I-Nachkommen im Sport. Davon gewannen 10 Pferde mehr als 1.000 Mark.
Nachkommen-Gewinnsumme 1982: 486.500,-- DM
Erfolgreichster Lugano I-Nachkomme 1982: Lexikon - brauner hann. Wallach im Besitz von Inge Theodorescu, mehrfach siegreich in schweren Dressurprüfungen mit einer Gewinnsumme von 6.800,-- DM.

Maharadscha

Mit arabischem Glanz
(Trakehner)

Als die Schimmel-Kollektion des Trakehner Verbandes 1962 auf der DLG in München den Großen Ring betrat, waren die Zuschauer begeistert. An der Spitze der sieben ausgestellten Stuten ging der fünfjährige Hengst Maharadscha.

Ein ungewöhnlich schöner, ausdrucksvoller Hengst arabischer Prägung. Er hatte das, was man den arabischen Überguß nennt und verband es mit dem männlichen Ausdruck und der Bedeutung eines Beschälers. Herrlich in der Halsung, reitbetont in der Sattellage. Sein Bewegungsablauf war gekennzeichnet von angenehmer Aktion in ständigem Takt. Dieser Schimmel hatte das Publikum auf seiner Seite.

Als junger Hengst hatte Maharadscha einen

schweren Unfall. Er überschlug sich und verunglückte dabei so stark, daß sein Züchter Gottfried Hoogen das ,,Hengst-Studium'' für seinen Schimmel beinahe aufgegeben hätte. Der Hengst behielt bleibende Schäden von diesem Vorfall zurück: Im Stall stand er immer mit schief gehaltenem Kopf und der Tierarzt meinte, dies sei auf eine Beeinträchtigung des Gehörs durch den Unfall zurückzuführen. Auch seine Schwerfuttrigkeit, erklärte sich durch diesen Unfall.

Aber Maharadscha hat diese erworbenen Eigenschaften nie vererbt. Im Gegenteil, seine Kinder sind angenehm im Temperament und zeichnen sich durch hohe Rittigkeit aus, die der Vater ja auch selbst hatte. Maharadscha

MAHARADSCHA

Geboren: 1957 im Rheinland
Lebens-Nr.: 090015657
Züchter: G. Hoogen, Kervenheim, Kr. Geldern
Farbe: Schimmel
Abzeichen: r. Hf. w.

wurde zum Stempelhengst. Er hat in der Trakehner, der bayerischen und der württemberger Zucht Hengstlinien entwickelt, die mit seinen Söhnen Flaneur, Mahdi und Amor II in voller Blüte stehen.

Aber auch die Maharadscha-Töchter blieben nicht ohne Einfluß auf die Zucht. Die großrahmige Schimmelstute Fawiza aus dem Gestüt Birkhausen wurde Mutter der beiden Hengste Falke (von Grimsel) und Fabian (von Donauwind). Falke ist ein kapitaler Hengst,

Famulus Sch.	Fetysz ox Sch.	Bakszysz ox Sch.	Iderim ox	v. Rymnick ox
			Parada ox	—
		Siglavy Bagdady ox	Siglavy Bagdady ox	v. Handzar ox
			Malta Chrestowka ox	—
	Faschingsnacht Sch.	Pretal xx Sch.	Pippermint xx	v. St. Mirin xx
			Bud xx	v. Will. the Third xx
		Faschoda Sch.	Aladin	v. Autograph
			Fortuna	v. Gärtner
Marke 760 F.	Markvogt F.	Marke F.	Markeur	v. Padorus
			Fräulein	v. Pinsel
		Sirene F.	Bolko	v. Brigant
			Schilfkrone	v. Sanskrit
	J. Feldrose R.	Hexenschuß F.	Dampfroß	v. Dingo
			Hexenbraut	v. Musterknabe
		Feldrose R.	Salut	v. Jagdheld
			Flagge	v. Skorpion

Hengstleistungsprüfung: keine
Maße: 165/185/20,5
Gekört: 1959 im Rheinland

Gekörte Söhne: Amor II, Etong, Faharadscha, Ferlin, Flaneur, Koketteur, Kornett II, Mahadi Mahetma, Mars, Mohair, Pegasus, Schwärmer, Uttar Pradesch.
Töchter: 108 eingetragene Stuten
Hauptbuchstuten: 97
1982 waren 31 Maharadscha-Nachkommen im Sport. Davon gewannen 3 Pferde mehr als 1.000 Mark.
Nachkommen-Gewinnsumme 1982: 76.700,-- DM

der 1983 im bekannten Gestüt Hämelschenburg bei Hameln aufgestellt war. Fabian hat nach seiner Karriere als Dressurpferd eine Beschälerbox im Rheinland bezogen. Unter Weltmeister Dr. Reiner Klimke hat er mehrere schwere Dressuren gewonnen und wurde 1980 aufgrund seiner Eigenleistung im Sport gekört.

Maharadscha deckte zunächst im Züchterstall und stand später zwölf Jahre seines Lebens auf dem Gestüt Schwaighof in Bayern. Da er von der bayerischen Körkommission in Zuchtwertklasse I eingestuft wurde, hat er auch viele bayerische Stuten gedeckt. Im Juni 1975 ist Maharadscha im Alter von 18 Jahren an Herzschwäche verendet.

Makuba xx

Der Vater war besser als alle Söhne
(Vollblut/Oldenburg)

Selten ein Vollbluthengst in der Warmblutzucht, der so in allen Partien besticht, wie es Makuba xx konnte. Sein herrliches Gesicht begeisterte jeden Züchter edler Pferde. Mit viel Typ, klaren, aufmerksamen Augen und eleganten Linien war der Kopf dieses abzeichenlosen Vollblüters modelliert. Mit 169 Zentimeter Stockmaß war der schwarzbraune Hengst für einen ,,Blüter'' sehr groß, er verfügte über ein immerhin mittelschweres Fundament und gute Gänge. Die mächtige, gut gelagerte Schulter gab Makuba xx vielen seiner Nachkommen weiter, die vor allem in allen Sparten des Sports von sich reden machten.

Makuba xx erreichte kein GAG, das den Atem stocken läßt. Der Sohn des Hengstes Goody xx und der Mainburg xx von Gundomar

xx, gezogen im traditionsreichen Gestüt Waldfried, brachte es nur auf 82 Kilo. Dafür brillierte er als Vererber in der Oldenburger Zucht. Kurz vor seinem Tod wurde Makuba xx nach Bayern abgegeben und hat auch dort noch einige sehr qualitätvolle Nachkommen hinterlassen.

1965 war Makuba xx auf der Vollblut-Hengstschau in Köln Siegerhengst aller Klassen. Dies und seine Abstammung mütterlicherseits (aus der gleichen Stutenfamilie stammen die in Niedersachsen eingesetzten Vollblüter Maigraf xx und Marcio xx) veranlaßten den bekannten Oldenburger Hengsthalter L. Kathmann Holtrup, Makuba xx zu kaufen und ab 1966 auf seiner Deckstation den Züchtern zur Verfügung zu stellen. Erst 1972 wurde

128

MAKUBA xx

Geboren: 1956 in Rheinland-Pfalz
Lebens-Nr.: 060041556
Züchter: Gestüt Waldfried, Römerhof
Farbe: Schwarzbraun
Abzeichen: keine

Makuba xx an Martin Niedermair nach Bayern abgegeben. Drei Jahre später starb der Hengst.

Natürlich hat der Hengst seine größte Bedeutung in Oldenburg gehabt, wo er am längsten eingesetzt war. Er vererbte sehr gut und vor allem einheitlich. Die meisten seiner Kinder tragen wie er die dunkle Jacke mit wenigen Abzeichen. Die Makuba-xx-Nachkommen sind charakterlich einwandfrei, wie es der Va-

Goody xx	Admiral Drake xx	Craig an Eran xx	Sunstar xx	v. Sundridge xx
			Maid od the Mist xx	v. Cyllene xx
		Plucky Liège xx	Spearmint xx	v. Carbine xx
			Concertina xx	v. St. Simon xx
	Good Bess xx	Teddy xx	Ajax xx	v. Flying Fox xx
			Rondeau xx	v. Bay Ronald xx
		Our Liz xx	Will. the Third xx	v. St. Simon xx
			Countess Resy xx	v. Santry xx
Mainkur xx	Janus xx	Buchan xx	Sunstar xx	v. Sunbridge xx
			Hamoaze xx	v. Torpoint xx
		Jane Pierney xx	Stef. the Great xx	v. The Tetrarch xx
			Tubbercurry xx	v. Captivation xx
	Makrone xx	Graf Ferry xx	Fervor xx	v. Galtree More xx
			Grave and Gay xx	v. Henry of Navarre xx
		Makrele xx	Pergolese xx	v. Festino xx
			Makte xx	v. Fervor xx

Rennleistung:
GAG 82
82 kg
Maße: 169/179/19,0
Gekört: 1966
in Oldenburg

Berühmte Nachkommen:

Gekörte Söhne: Maik, Major, Marduk, Marko, Mordskerl.
Töchter: 136 eingetragene Stuten
Staatsprämienstuten: 23
Hauptbuchstuten: 100, eine DLG-Ausstellungsstute.
1982 waren 65 Makuba xx-Nachkommen im Sport. Davon gewannen 7 Pferde mehr als 1.000 Mark.
Nachkommen-Gewinnsumme 1982: 346.400,-- DM

ter gewesen ist, sie sind leichttrittig und von einem ausgesprochen leistungsbereiten Temperament.

Obwohl Makubas xx Söhne bei den Körungen in Oldenburg hoch eingestuft wurden, konnten sie sich leider nicht entsprechend durchsetzen. Major war 1969 Siegerhengst und Mordskerl im Jahr darauf Reservesieger. Doch keiner der Söhne konnte dem Vater das Wasser reichen. Es ist nicht zu erwarten, daß sich die Linie des Makuba xx auf der männlichen Seite in nennenswerter Breite in Oldenburg erhalten wird. Da ist schon eher viel mehr von den weiblichen Nachkommen zu erwarten.

Marcio xx

Ein Vererber ohne Ausfälle
(Vollblut/Hannover)

Er hatte keinen leichten Stand, der kleine Vollblüter, als er 1952 seine Beschälerlaufbahn in Celle begann. Die Warmblutzüchter stehen dem Vollblut meist etwas reserviert gegenüber, und da die Nachfrage nach Reitpferden in den fünfziger Jahren nicht gerade rosig war, hatte der Waldfrieder in seinen ersten Deckjahren nicht sonderlich viel zu tun. Doch das änderte sich, als die ersten Marcio-Nachkommen unter den Sattel kamen und in Materialprüfungen für Furore sorgten.

Marcio xx machte harmonische, wohl proportionierte Pferde, die alle erstklassig in Temperament und Charakter waren und sich ausgezeichnet bewegen konnten. Es hat selten einen Hengst gegeben, der in Relation zu den gedeckten Stuten so viel eingetragene

Zucht-und Turnierpferde lieferte, wie Marcio xx. Ein Drittel seiner Nachkommen ging in die Zucht und die anderen beiden Drittel sind fast ausnahmslos bei der FN eingetragen worden. Seine Vererbung war ohne Ausfälle. Welcher Hengst kann das schon von sich behaupten?

Marcio xx war ein hübscher, ausdrucksvoller Vollblüter. Für heutige Verhältnisse etwas knapp im Stockmaß, hätte er mehr väterlichen Ausdruck haben können. Aber er war schön und harmonisch. Hals, Schulter, Widerrist — das waren seine Points. Er war der Typ eines Reitpferdevererbers, wie ihn jede Warmblutzucht gebrauchen kann.

Einige Marcio-xx-Nachkommen, vor allem die weiblichen, erbten aber auch die „Juckpunkte" des Vaters. Nicht selten waren sie et-

MARCIO xx

Geboren:	1947 in Rheinland-Pfalz
Lebens-Nr.:	060048247
Züchter:	Gestüt Waldfried, Römerhof
Farbe:	Braun
Abzeichen:	Stern
Maße:	161/175/19,0
Gekört:	1953

...vas unbedeutend und klein. Aber sie waren ...ast alle rittig und konnten enorm gehen. Der ...gewinnreichste Sohn des Vollblüters war der 1958 geborene Marzio, der unter Inge Theodorescu über 40.000 Mark aus dem Viereck holte.

Marcio xx verbrachte sämtliche 13 Jahre seiner Beschälerlaufbahn auf der Deckstation Baljerdorf an der Elbmündung. Hier züchtete Claus v.d.Decken 1965 den braunen Hengst Matrose aus einer Athos-Mutter. Matrose ist ein Dreiviertel-Bruder zu Marzio und heute einer der gefragtesten Hengste in Celle. Er beliefert schon seit Jahren die Verdener Auktionen mit gangfreudigem Material. Der Matrose-Sohn Maritim brach auf der Verdener Frühjahrsauktion 1983 alle Rekorde und wurde für 170.000 Mark zugeschlagen. So viel Geld wurde noch nie vorher auf einer deutschen Verbandsauktion ausgegeben. Marcio xx-Blut macht's möglich.

Aventin xx	Teddy xx	Ajax xx	Flying Fox xx	
			Amie xx	
		Rondeau xx	Bay Ronald xx	
			Doremi xx	
	Abbazia xx	Dark Ronald xx	Bay Ronald xx	
			Darkie xx	
		Adria xx	Cyllene xx	
			Austria xx	
Mainkur xx	Janus xx	Buchan xx	Sunstar xx	
			Hamoaze xx	
		Jane Pierney xx	Stefan the Great xx	
			Tubbercury xx	
	Makrone xx	Graf Ferry xx	Fervor xx	
			Grave and Gay xx	
		Makrele xx	Pergolese xx	
			Makte xx	

Rennleistung

Marcio xx lief zwei- bis fünfjährig. Er gewann bei 42 Starts 9 Rennen und plazierte sich 21 mal: 1949 - 4 Starts, 1 Sieg, 3 Plätze. 1950 - 14 Starts, 3 Siege, 7 Plätze. 1951 - 15 Starts, 4 Siege, 6 Plätze. 1952 - 9 Starts, 1 Sieg, 5 Plätze. GAG nicht bekannt.

Gekörte Söhne: Marbod, Marconi, Markant, Markgraf, Marmor, Martell, Matrose, Monaco, Schönherr.
Töchter: 107 eingetragene Stuten
Staatsprämienstuten: 5
Hauptbuchstuten: 99
1982 waren keine Marcio xx-Nachkommen mehr im Sport.
Nachkommen-Gewinnsumme: 356.000,-- DM

Die beiden erfolgreichsten Marcio xx-Nachkommen: Marzio - mit 40.000,-- Mark der gewinnreichste Marcio xx-Sohn, gewann unter Inge Theodorescu dreimal hintereinander das Hamburger Dressur-Derby. Mazepa - dunkelbraune hann. Stute unter Josef Neckermann mehrfach siegreich in schweren Dressurprüfungen.

Marlon xx

Auf das GAG konnten sich die Holsteiner Zuchtexperten nicht verlassen, als sie 1965 den irischen Vollblüter Marlon xx körten. Marlon xx ist zwar als Zwei- und Dreijähriger auf irischen und englischen Rennbahnen siegreich gelaufen, aber sein Generalausgleich ist nie errechnet worden. So verließ man sich auf den Saft, der bekanntlich Wunder schafft. Und dieser Saft hat in Holstein für manches Wunder gesorgt.

Marlon xx wurde gemeinsam mit dem Vollblüter Ladykiller xx der entscheidende Veredler in der Holsteiner Zucht. Er stellt den Vollbluttyp dar, den sich jede Warmblutzucht zur Einkreuzung wünscht: Ausdrucksstark und langlinig auf vier glasklaren trockenen Beinen. Marlon xx empfahl sich außerdem durch sei-

nen Vater Tamerlane, der als internationaler Klassehengst seine Kinder mit Härte und Leistungsbereitschaft ausstattete.

Diese Eigenschaften vererbte Marlon xx mit großer Treue auf seine Nachkommen. Leichtrittigkeit und guter Charakter zeichnen sie aus, verbunden mit dem eisernen Willen stets das Beste zu geben. Deshalb ist es nicht verwunderlich, daß viele Marlon xx-Kinder im Busch landeten. Madrigal und Milano gehörten Mitte der siebziger Jahre zu den erfolgreichsten Vielseitigkeitspferden. 1975 war Marlon xx der erfolgreichste Buschpferde-Vererber der Bundesrepublik.

Nicht minder siegreich waren die Marlon xx-Kinder im Viereck. Madoc, Manhatten und Montevideo sind nur einige der vielen Nach-

MARLON xx

Geboren: 1958 in Irland
Lebens-Nr.: 0640001358
Züchter: Mr. H. Kerr Esqu./Irland
Farbe: Braun
Abzeichen: Schnippe

kommen, die dem Iren den Ruf eines Dressur-pferdevererbers eintrugen. Hinzu kommt die große Anzahl Materialpferde, die Marlon xx

lieferte. Ausgestattet mit Adel, Schönheit und einer überragenden Mechanik, sammelten sie vor allem 1974 so viele Schleifen und Preisgelder, daß der Ire 1975 im Jahrbuch Zucht in der Sparte Material- und Eignungsprüfungen an zweiter Stelle rangierte.

Züchterisch konnte sich Marlon xx über seine Söhne nicht so sehr durchsetzten. Von den 31 gekörten Marlon xx-Söhnen stehen heute nur noch zwei Hengste im Holsteiner Zuchtgebiet. Sein Blut war eben auch außerhalb Holsteins sehr begehrt. Aber mit über 100 eingetragenen Stuten hat er sich im nördlichen Pferdeland eine breite Stutenbasis geschaffen.

Tamerlane	Persian Gulf	Bahram	Blandford
			Friar's Daughter
		Double Life	Bachelor's Double
			Saint Joan
	Eastern Empress	Nearco	Pharos
			Nogara
		Cheveley Lady	Solario
			Lady Marjorie
Maralinni	Fairford	Fairway	Phalaris
			Scapa Flow
		Pallet Crag	Craig an Eran
			Palmella
	Misguided	Knight of the Garter	Son-In-Law
			Castelline
		Miss Privit	African Star
			Privit

Rennleistung:
GAG
nicht bekannt
Maße: 164/186/
21,0
Gekört: 1965 in
Elmshorn

Gekörte Söhne: Macbeth I, Macbeth II, Macon, Magnat I, Magnat II, Mahmud, Malteser I, Malteser II, Mambo, Manchester, Marengo, Marius, Marladno, Marlo, Maron, Marquis I, Marquis II, Marsala, Martell I, Martell II, Martell III, Martell IV, Martini, Mauricio, Mentor, Merlin, Mikado, Montevideo, Mowgli, Muratti.
Töchter: 108 eingetragene Stuten
Staatsprämienstuten: 73
Hauptbuchstuten: 98
1982 waren 105 Marlon xx-Nachkommen im Sport. Davon gewannen 13

Pferde mehr als 1.000 Mark.
Nachkommen-Gewinnsumme 1982: 433.500,-- DM
Die erfolgreichsten Marlon xx-Nachkommen: Madrigal - Holsteiner Wallach unter Karl Schultz 1976 in Montreal Mannschafts-Silber und Einzel-Bronze bei der Olympischen Vielseitigkeit. Montevideo - brauner Holsteiner Hengst unter Uwe Sauer mehrfach siegreich in schweren Dressurprüfungen (Gewinnsumme 1982: 5.500,-- DM).

Nazim

Reitpony-Hengst nach englischem Vorbild (Deutsches Reitpony)

Vor 20 Jahren befand sich auch die Ponyzucht in einer Phase der Umzüchtung. Der Trend ging zum größeren reitbetonten Pony. Gefragt waren Kleinpferde mit schwingenden Bewegungen, guter Sattellage und schöner Halsung. An das moderne Reitpony wurden die gleichen Exterieur-Ansprüche gestellt wie an das Großpferd. Die Harmonie der Proportionen, die Korrektheit des Fundaments und die Leichtfüßigkeit der Bewegungen — das alles sollte einem Großpferd gleichen. Diese Ponys sollten dem jungen Reiter ein gutes Reitgefühl vermitteln, damit der spätere Umstieg auf das größere Pferd nicht zum reiterlichen Einbruch führt.

Der englische Hengst Nazim entsprach in seiner Erscheinung genau den Vorstellungen eines modernen Reitponys. Er war ein hochedler Hengst, der in seinem Typ das arabische Element nicht leugnen konnte. Immer wach, mit gutem Geschlechtsausdruck, wußte er die Blicke auf sich zu ziehen. Nazim ist der Gründerhengst der modernen westfälischen Reitponyzucht. Heute reicht seine Bedeutung weit über die Grenzen Westfalens hinaus. Durch seine große Anzahl gekörter Söhne nahm er Einfluß auf die gesamte deutsche Kleinpferdezucht.

Über 20 Söhne und Enkel des Engländers sind im Jahrbuch Zucht als Vererber erfolgrei-

NAZIM

Geboren:	1956 in England
Lebens-Nr.:	420021056
Züchter:	G. Evans Esq., 14. Wern Grescent, Nelson Glam/ England
Farbe:	Braun

cher Turnierponys vertreten. Nazims erfolgreichster Sohn ist der Hengst Nadler. Nadler-Nachkommen gewannen bis 1982 insgesamt über 20 000 Mark auf nationalen und internationalen Pony-Turnieren. Unter den erfolgreichsten 20 Pony-Vererbern waren nach Jahrbuch-Statistik 1982 allein fünf Nazim-Söhne.

Als Nazim 1963 nach Westfalen kam, traf er auf eine sehr gemischte Stutengrundlage. Er deckte Pony-Stuten der unterschiedlichsten Rassen, teilweise sogar mit Wildbahn-Abstammung. Nazim konnte sich mit seinen positiven Eigenschaften fast immer durchsetzen. Seine Nachkommen sind ausgesprochen leichttrittig und sehr gut im Temperament. Vor

Vater: Salih (G.S.B.)	Rithan A.H.S.B.	Raktha	Naseem
			Razina
		Rishna	Nureddin II
			Rish
	Josepha	Joseph	Nadir
			Maisuna
		Fantana	Nasik
			Ferda
Mutter: Tyland Lass	The Pelican	Pharos	Phalaris
			Scapa Flow
		Rosy Legend	Dark Legend
			Rosy Cheeks
	Floreat Rugbeia	Carpathus	Lenberg
			Comparison
		Etona	St. Denis
			Salt Hill

Maße: 149 cm
Stockmaß
Gekört: 1963
in Münster

Berühmte Nachkommen:

Gekörte Söhne: Nabob, Nabonit, Nachtwind, Nadir, Nadler I, Nadler II, Nadler III, Nandi, Nantwin, Narmit, Narvik, Narwal I, Narwal II, Narwal III, Nasetto, Natal I, Natal II, Natal III, Nathan, Nautiker, Navajo I, Navajo II, Navajo III, Nelson, Nepal, Nevada, Nicki, Nino, Nordcup, Nordstern, Nordwind.
Töchter: 87 eingetragene Stuten
Hauptbuchstuten: 46

allem die Gelassenheit und das ruhige Wesen hat Nazim konsequent vererbt. Auch hat er seine Kinder mit dem ihm eigenen arabischen Flair ausgestattet. Anläßlich einer Körung in Münster kurz vor seinem Tod ging in jeder Körklasse ein Nazim-Sohn vorne. Nazim selbst wurde Gesamtsieger.

Aber nicht nur auf Körungen und Turnieren machten die Nazim-Nachkommen von sich reden. Auch auf den westfälischen Pony-Auktionen waren sie gefragt. 1975 wurde der Nazim-Enkel Nekon für 13 500 Mark nach Holland verkauft.

Nazim wurde 1963 von Christian Heyer, Gut Boyenstein, importiert und hat dort sechs Jahre gedeckt. Zwischenzeitlich hat er auch im Rheinland gestanden bis er 1972 bei Manfred Ortmann in Nordkirchen aufgestellt wurde. Dort hat er noch vier Jahre gedeckt. Am 2. Juli 1975 ist er im Alter von 19 Jahren eingegangen.

Nelson

Veredelt ohne fremdes Blut
(Haflinger)

Das Zuchtziel des Haflingers ist klar umrissen. Erwünscht ist ein Kleinpferd im Typ des edlen, trockenen Gebirgspferdes. Dabei sollte es alle Eigenschaften eines Zug-, Trag- und Reitpferdes besitzen. In den vergangenen Jahren wurde bei der Züchtung mehr und mehr auf die Reitpferdepoints geachtet. Aus dem langweiligen Arbeitstier wurde ein temperamentvolles Freizeitpferd, das dabei robust und leichtfuttrig blieb. Zu diesem Zweck wurden vorwiegend arabische Hengste eingekreuzt — der Rassetyp jedoch sollte unbedingt erhalten bleiben.

Unter dieser Voraussetzung selektierte man auch innerhalb der Rasse sehr stark und benutzte edle, gängige Hengste, die dem Zucht-

ziel des modernen Haflingers entsprachen. Der in Bayern geborene Nelson gehörte zu diesen Hengsten. Bayern und Westfalen sind die Hochzuchtgebiete des Haflingers in Deutschland. Mit seinen erfolgreichen Söhnen und Töchtern hat Nelson auch die Zucht außerhalb Bayerns beeinflußt.

Nelson war ein sehr ausdrucksvoller, typtreuer Hengst. Ausgesprochen drahtig, aber doch mittelschwer. Er stand betont im Rechteck, war fast ein wenig lang, aber dabei doch fest im Mittelstück. Er war bedeutend in der Schulterpartie, hatte genügend Widerrist und viel Brusttiefe. Die Kruppe war gut bemuskelt und schräg genug. Im Fundament befriedigte er sehr, war kurz in der Röhre, trocken in den

NELSON

Geboren:	1955 in Bayern
Lebens-Nr.:	830009055
Züchter:	Josef Oberauer, Buchberg
	Nußdorf am Inn
Farbe:	Hellfuchs
Abzeichen:	br. durchg. Bl., Utl. w.

Nelson hat in seiner Beschälerzeit 674 Stuten gedeckt. Es sind 350 Fohlen von ihm gefallen. Die Qualität der Fohlen war fast ausnahmslos überdurchschnittlich. Sie tragen alle die typischen Rassemerkmale des Haflingers, die auch der Vater vorbildlich verkörperte. Auffallend war seine Vererbung in Adel, Charme und Farbtreue. Die für den Haflinger typische Fuchsfarbe in meist heller Tönung hat er immer weitergegeben.

		Bacco it.	Nibbio it. Luzzi
	liz. Naz		Rudi
		I Brauchbar	Hafl. Stute
Vater: **Nastor**			
		Stromer	Student T Bärbele Martha
	Donau-Dora		liz. Willi T.
		III Dohle	T Diestl Hanni
		Wilfried 7	liz. Willi I Linda H
	Wieland APLF (V) (V)		./.
		Olga S	./.
Mutter: **Lira H**			
		Lion it.	Anzio it. Hafl. Stute
	Liane H		Asten it.
		Hafl. Stute	Hafl. Stute

Maße: 137/149/18,0

Berühmte Nachkommen:

Gekörte Söhne: Nelander, Nelfried, Nelmar, Nepomuk, Nepos, Neptun, Nesthocker.
Töchter: 104 eingetragene Stuten
Staatsprämienstuten: 5
Hauptbuchstuten: 77

Gelenken und wußte sich flott zu bewegen. Nelson vereinigte die Reitpoints eines Kleinpferdes mit den inneren Eigenschaften eines Arbeitspferdes. Er war immer leistungswillig, genügsam und leichtfuttrig.

Nelson hat durch seinen Vater Nastor die in der Haflinger-Zucht sehr begehrte und geschätzte N-Linie nicht nur in Bayern aufgebaut. Die Nachkommen dieser Linie sind in der ganzen Bundesrepublik und sogar im Ausland verbreitet.
Der Zuchtfortschritt des Haflingers zum modernen Kleinpferd ist durch den Araber stark beschleunigt worden — aber auf Kosten der Reinzucht. Hengste von der Qualität eines Nelson jedoch sorgten für eine konsolidiertere Umzüchtung ohne Fremdbluteinfluß. Das war ein langer aber sicherer Weg, der das Risiko des Fremdblutes ausschloß. Auch deshalb ist in den vergangenen Jahren der Einfluß des Arabers auf die Haflinger-Zucht stärker zurückgegangen.

Niccolini xx

Der bayerische Vollblüter
(Vollblut/Bayern)

Schon früh erkannten die Bayern die Notwendigkeit des Vollbluts für die Reitpferdezucht. Das Landgestüt Landshut erwarb 1963 einen Vollblüter, der auf eine interessante Rennlaufbahn zurückblicken konnte. Niccolini xx war hundert Mal in Flach- und Hürdenrennen gestartet und hatte damit eine eisenharte Konstitution bewiesen.

Niccolinis xx Vater war ein bekannter Italiener. Delaroche gewann bei über 20 Starts über vier Millionen Lire und war unter anderem dreijährig Fünfter im italienischen Derby. Niccolini xx selbst galoppierte über 70 000 Mark zusammen. Im Vergleich zu heutigen Gewinnsummen ein eher kleiner Betrag. Dabei ist aber zu berücksichtigen, daß die Dotierungen in

den fünfziger Jahren bei weitem nicht so hoch lagen wie heute.

Niccolini xx war mit einem Stockmaß von 166 Zentimetern ein rahmiger Vollblüter mit bedeutenden Partien. Er hatte genügend Tiefe und Breite und war schön im Typ mit edlem, feinem Kopf. Im Hals war er vielleicht etwas kurz und tief angesetzt. Sein Fundament war für einen Vollblüter stark genug. Die Gänge waren flach, aber raumgreifend.

In der nur achtjährigen Deckzeit wurde Niccolini xx zum bedeutendsten Vererber in der bayerischen Warmblutzucht. Er hat viele leistungsbereite Pferde gemacht, die fast ausnahmslos sein Galoppiervermögen und seine Springfreudigkeit besitzen. Mit seinen rittigen

Protokoll:

NICCOLINI xx

Geboren:	1954 im Rheinland
Lebens-Nr.:	060003754
Züchter:	Graf Beissel v. Gymnich, Gestüt Schloß Frens/Köln
Farbe:	Braun
Abzeichen:	keine
Maße:	166/182/19,0
Gekört:	1963 in Landshut

und typvollen Nachkommen war er ein gefragter Vererber bei den jährlichen Reitpferdeauktionen. Die Gewinnsummen sind auf breiter Basis verdient worden, nicht von einzelnen herausragenden Pferden.

Niccolini xx war ein Reitpferdemacher. Seine Zucht-Produkte konnten nur wenig Einfluß gewinnen. Kurz vor seinem Ausscheiden konnte noch ein Sohn von ihm in den Landbeschälerbestand eingereiht werden. Auf Nimbus lasten jetzt die großen Erwartungen der

Delaroche			
	Niccolo dell'Arca		
		Coronach	Hurry On
			Tredennis
		Nogara	Havresac II
			Catnip
	Donatella		
		Mahmoud	Blenheim
			Mah Mahal
		Delleana	Clarissimus
			Duccia di Buoninsegna
Nizza			
	Traghetto		
		Cavaliere d'Arpino	Havresac II
			Chuette
		Talma	Papyrus
			Tolbooth
	Nannine		
		Salpiglossis	Teddy
			Stella D'Italia
		Navaretta	Buchan
			Nuvolona

Rennleistung

Niccolini xx ist in acht Rennjahren 100 mal gestartet und gewann 71.550,-- Mark. In Flachrennen: 82 Starts, 9 Siege, 39 Plätze mit einer Gewinnsumme von 53.350,-- Mark. In Hindernisrennen: 18 Starts, 2 Siege, 14 Plätze mit einer Gewinnsumme von 18.200,-- Mark.

Berühmte Nachkommen:

Gekörter Sohn: Nimbus
Töchter: 92 eingetragene Stuten
Hauptbuchstuten: 11
1982 waren 16 Niccolini xx-Nachkommen im Sport. Davon gewannen 3 Pferde mehr als 1.000 Mark.
Nachkommen-Gewinnsumme 1982: 113.900,-- DM
Gewinnreichster Niccolini xx-Nachkomme 1982: Napoli - Bayerischer Wallach im Besitz von Horst Freise: 6.300,-- Mark in Springprüfungen.

Züchter, die die Vererber-Qualitäten des Vaters gekannt haben. Besonders deutlich wird die züchterisch geringere Bedeutung Niccolinis xx bei der Anzahl seiner eingetragenen Stuten. Nur 11 seiner Töchter sind in das Hauptstutbuch eingetragen worden. Die anderen 81 Töchter kamen ins Stutbuch.

Niccolini xx hat in Bayern rund 200 Nachkommen hinterlassen. Das sind nicht viele — aber der Anteil an Reitpferden ist höher als bei anderen Hengsten. In Bayern hofft man, daß das Niccolini xx-Blut durch seine wenigen Töchter und seinen Sohn Nimbus noch möglichst lange erhalten bleibt.

Nippes I

Kaltes Blut und heißes Herz
(Kaltblut)

Eine wahre Renaissance erlebte die Kaltblutzucht in den vergangenen Jahren. Vor 20 Jahren wurden in den Landgestüten nur ein bis zwei Kaltbluthengste aus Traditionsbewußtsein gehalten. Haben wollte sie niemand mehr und zu decken hatten sie kaum. Heute ist das anders. Der Kaltblüter ist auch als Freizeitpferd eine beliebte Rasse. Der Hang zur Nostalgie und die unterschiedlichsten Möglichkeiten, das Pferd als Freizeitpartner zu nutzen, führten zu einer verstärkten Nachfrage in den vergangenen Jahren.

Das Rheinland war früher das bedeutendste Kaltblutzuchtgebiet Deutschlands. Und im Rheinland steht auch der wohl bekannteste deutsche Kaltblüter: Nippes I. Er führt die große Tradition der Rheinischen Kaltblutzucht fort. Wenn man auch sagen muß, daß von dieser alten Rasse im Erscheinungsbild der moderneren Kaltblüter wenig übriggeblieben ist.

Nippes I ist ein ausdrucksvoller, trockener Beschäler mit gefälligen, groß angelegten Partien. Sein Fundament ist trocken und stark, sein Gang energisch und raumgreifend. Nippes I ist gezogen auf westfälisch-schwedischer Grundlage. Sein Vater, der 22-jährige Nahkampf I stand noch 1983 im Zuchteinsatz. Ein Blick in die Abstammung des Hengstes weckt Erinnerungen an eine vergangene Epoche, in der Mensch und Pferd als Arbeitskameraden eng verbunden waren. Die westfäli-

NIPPES I

Geboren:	1973 in Westfalen
Lebens-Nr.:	520001173
Züchter:	A. Bertmann, Darfeld
Farbe:	Braunschimmel

mütigkeit und Umgänglichkeit sind selbstverständlich.

Diesen züchterischen Ansprüchen kommt Nippes I sehr entgegen. Er trägt diese Merkmale als Westfale in die rheinische Kaltblutzucht. Auf der Station Gut Trips in Geilenkirchen ist er aufgestellt.

		Nerveux de Piéton	Tarzan de Callo
			Dora du Masy
	Neptun II		Erbquell
		St.Pr.St. Elvira	
			Adda H
Nahkampf I Pr. H.			
		Marquis de Breedhout	Krack de la Sille
			Diane de Breedhout
	St.Pr.St. Markiese		Harnisch Pr. H.
		Haldine	Julia H.
			Krack de la Sille
		Marquis de Breedhout	Diane de Breedhout
	Maßstab		Harnisch
		St.Pr.St. Hanna H.	St.Pr.St. Nelke
St.Pr.St. Myrthe			Bienvenu du Thierne
		Luc de Kruishouten	Sarah de Cruy's
	St.Pr.St. Libelle		Edler
		Edda H.	Tora H.

Zugleistungsprüfung: abgelegt
Maße: 164//28,6
Gekört: 1975 in Münster

Berühmte Nachkommen:

Gekörte Söhne: keine
Töchter: 12 eingetragene Stuten

Seine Nachkommen sind von besonderer Einheitlichkeit, obwohl sie aus Stuten unterschiedlichster Qualität stammen. Es sind leichtfuttrige Pferde von mittlerer Röhrbeinstärke, die den Flair ihrer Rasse besitzen und sich ausgezeichnet bewegen können.

Der Hengst mit dem typisch rheinischen Namen und der auffallenden Braunschimmelfarbe ist am bekanntesten geworden durch seine unterhaltsamen Auftritte bei der Equitana in Essen und bei den Hengstparaden in Warendorf. Ob im vollen Galopp unterm Reiter ohne Sattel oder in Tandem-Anspannung — Nippes I weiß das Publikum immer zu begeistern und erntet stets den größten Beifall.

sche Kaltblutzucht, der Nippes I entstammt, legt heute noch großen Wert auf die bäuerliche Nutzung dieser Rasse. Im Rheinland verfolgt man zusätzlich das züchterische Ziel, den Kaltblüter auch als Freizeitpferd zu nutzen. Deshalb ist der großrahmige Typ bevorzugt, der Kaliber mit Adel und guten Bewegungen verbindet. Interieur-Eigenschaften wie Gut-

Orsini xx

Der beste Sohn seines Vaters
(Vollblut)

Der legendäre Ticino xx gilt als das beste Zucht- und Rennpferd in der Geschichte des deutschen Vollblutes. Der schwarzbraune Orsini xx kann als sein bester Sohn angesehen werden.

Orsini xx war ein Vollblutpferd von internationalem Format. Unter allen Söhnen Ticinos xx besaß Orsini xx die beste Rennklasse und zudem eine eisenharte Konstitution. Orsini xx war nicht nur schnell, sondern auch ausgesprochen rittig. Zu jeder Zeit des Rennens ließ er sich regulieren und erlaubte seinem Jockey einen taktischen Ritt. Auf diese Weise gewann Orsini unter dem bekannten englischen Jockey Lester Piggott nach spannendem Rennverlauf das Deutsche Derby 1957. Sein Endspeed war beispielhaft und es gab nicht wenige Fachleute, die ihm und seinem Halbbruder Neckar xx (v. Ticino xx) den besten Endspeed zusprachen.

Im Gegensatz zu dem ebenfalls erstklassigen Neckar xx war Orsini xx ein ausgesprochen gesundes Rennpferd. Er vererbte deshalb auch mehr Härte und Konstitution als Neckar xx. Auch vererbte Orsini xx bessere Steher als er selbst war.

Im Exterieur kam Orsini xx seinem Vater sehr nahe. Sein stark bemuskelter Körper und sein nicht besonders edler Kopf ließen deutlich Ticino xx erkennen. Während seine Hinterbeine noch weniger gewinkelt waren als die seines Vaters, stand Orsini xx vorne äußerst korrekt und gut.

Durch die recht nahe Inzucht auf Athanasi-

ORSINI xx

Geboren:	1954 in Hessen
Lebens-Nr.:	0012254
Züchter:	Gestüt Erlenhof, Bad Homburg
Farbe:	Schwarzbraun
Abzeichen:	Stirnhaare, h. r. w. Ball. u. w. Kronenfleck, Stichelhaare
Maße:	160 cm Stockmaß

Berühmte Nachkommen

Söhne: Aleppo xx, Adino xx, Ascari xx, Cortez xx, Don Giovanni xx, Elviro xx, Epicur xx, Flotow xx, Gaukler xx., Galaxor xx, Golfstrom xx, Goldbube xx, Ilix xx, Marduk xx, Mato Grosso xx, Mohn xx, Ovidax xx, Oxer xx, Precioso xx, Nietzsche xx, Rubens xx, Sleipnir xx.
Töchter: 75 eingetragene Stuten.

		Ferro	Landgraf
			Frauenlob
	Athanasius db.		Laland
		Athanasie	Athene
Ticino schwb.			Dark Ronald
		Aditi	Aversion
	Terra db.		Robert le Diable
		Teufelsrose	Rosanna
			Prunus
		Oleander	Orchidee II
	Nuvolari hlb.		Graf Isolani od. Laland
		Nereide	Nella da Gubbio
Oranien b.			Ferro
		Athanasius	Athanasie
	Omladina hlb.		Saint Maclou
		Oblate	Obilot

Rennleistung

Orsini xx lief zwei- bis fünfjährig. Er war 26 Mal am Start und gewann 14 Rennen: Zweijährig: 7 Starts, 6 Siege, unter anderem im Zukunfts-Rennen. Dreijährig: 5 Starts, 2 Siege, im Henckel-Rennen und im Deutschen Derby. Vierjährig: 8 Starts, 5 Siege, unter anderem im Großen Preis von Gelsenkirchen und im Oslo-Cup. Fünfjährig: 6 Starts, 1 Sieg im Stockholm-Cup. Gesamtgewinnsumme: 176.100,-- DM, 300.000,-- bfr., 800.000,-- skr., 100.000,-- nkr. Höchstes Generalausgleichsgewicht: 107 kg

us (2X3) und Laland (4X4) vererbte er sich durchschlagend mit großer Individual-Potenz. Nach John Aiscan waren Orsini xx-Nachkommen mit größerer Konzentration des gleichen Blutes nicht so hart, wie Produkte aus fremdblütigen Stuten. Aiscan führt das auf die Inzucht zurück. Deshalb habe Orsini sich nicht so gut für die Einkreuzung mit Stuten rein deutschen Blutes geeignet.

Trotzdem hat sich das „Pferd des Jahres 1958" weit überdurchschnittlich vererbt. Orsini xx stand viermal an der Spitze der deutschen Vollbluthengste: 1966, 1969, 1970 und 1971. Zu seinen erfolgreichsten Söhnen gehört der schwarzbraune Cortez, der unter anderem die Großen Preise von Baden, Dortmund und Nordrhein-Westfalen gewann. Außerdem war er Sieger im Preis von Europa. Orsini xx war maßgeblich beteiligt am züchterischen und sportlichen Erfolg des Gestütes Erlenhof. Er starb am 3. November 1975.

Papayer xx

Rennpferd mit leicht arabischem Hauch
(Vollblut/Westfalen)

Das englische Vollblut ist aus der englischen Landespferderasse und arabischen Hengsten entstanden — rund 300 Jahre ist das inzwischen her. Doch mancher Vollblüter kann den arabischen Einfluß nicht verleugnen — auch wenn er vererbungsmäßig überhaupt nicht mehr nachweisbar ist.

Der englische Vollblüter Papayer xx war solch ein Vollblüter. Er hatte ein Köpfchen, das deutlich an die herrlichen Gesichter arabischer Pferde erinnerte.

1954 ist der Fuchs-Hengst, der nur wenige Abzeichen trug, in England geboren und auch aufgezogen worden. In den fünfziger Jahren kauften deutsche Warmblutzüchter die notwendigen Vollblüter zur Veredlung der Zucht vornehmlich in England. So auch Papayer xx.

Er wurde 1960 in Münster gekört und ab 1961 bei H. Sandhove in Ascheberg als Deckhengst eingesetzt. Dort blieb Papayer xx bis zu seinem Tod im Jahr 1972.

Papayer xx war ein Vollblüter mit großer Ausstrahlung, obwohl er gerade eben in mittlerem Rahmen stand. Schön angesetzt der Reitpferdehals auf einer schräg gelagerten Schulter. Bei trockener Textur verfügte Papayer xx nur über ein leichtes Fundament.

Es darf bei dieser Beurteilung allerdings nicht vergessen werden, daß Papayer xx in der längsten Zeit seines Deckeinsatzes auf gröbere und stärkere Stuten traf, als dies heute in Westfalen der Fall ist. Daraus läßt sich auch seine große Bedeutung für die westfälische Zucht ableiten. Er war als Veredler in ho-

PAPAYER xx

Geboren: 1954 in England
Lebens-Nr.:   062021554
Züchter: The Frair Ings Stud. Co./
              England
Farbe: Fuchs
Abzeichen: schm. durchg. Bl.

hem Maße erfolgreich. Seine besten Nachkommen waren und sind sehr erfolgreich vor allem im Dressursport.

Seine größte Leistung aber hat der Vollblüter mit seinem Sohn Paradox I vollbracht. Über diesen herausragenden Beschäler hat Papayer xx eine Hengstlinie in der westfälischen Zucht begründet, die mit Sicherheit noch sehr lange Bestand haben wird.

		Blandford xx	Swynford xx
	Bahram xx B.		Blanche xx
		Firar's Daughter xx	Friar Marcus xx
Persian Gulf xx B.			Garron Lass xx
		Bachelor's Double xx	Tredemus xx
	Double Life xx F.		Lady Bawn xx
		Saint Joan xx	Willbrook xx
			Feo Desmond xx
		Phalaris xx	Polymelus xx
	Fairway xx B.		Bromus xx
		Scapa Flow xx	Chaucer xx
Seaway xx B.			Anchora xx
		Hurry on xx	Marcovill xx
	Cachalot xx B.		Tout Suite xx
		Harpoon xx	Fowling-Piece xx
			Flying Seal xx

Hengstleistungsprüfung: keine
Gekört: 1960 in Münster

Berühmte Nachkommen:

Gekörte Söhne: Paradox I, Paradox II, Pikör.
Töchter: 66 eingetragene Stuten
Staatsprämienstuten: 3
Hauptbuchstuten: 41
1982 waren 22 Papayer xx-Nachkommen im Sport. Davon gewannen 5 Pferde mehr als 1.000 Mark.
Nachkommen-Gewinnsumme 1982: 340.000,-- DM
Gewinnreichster Papayer xx-Nachkomme 1982: Paquito - brauner westfäl. Wallach im Besitz von Gabriele Tempelmann: 17.000,-- Mark in Dressurprüfungen.

Papayer xx hat in den elf Jahren seines Zuchteinsatzes im Verhältnis zu anderen Hengsten weniger Stuten gedeckt. Wenn man das bedenkt, hat dieser Hengst eine überaus erfolgreiche Laufbahn gehabt — als Vererber von erfolgreichen Sportpferden, guten Stuten und wenigen aber herausragenden gekörten Söhnen.

Paradox I

Ein Vererber für alle Ansprüche
(Westfalen)

In Westfalen ist man vorsichtig mit Adel und Blut: Hübsch können sie sein, aber edel müssen sie nicht sein. Paradox I, der vor Adel und Temperament nur so strotzt, hatte einen schweren Stand am Beginn seiner Beschälerlaufbahn. Auf der Deckstelle Ostenfelden fand er nur wenig Resonanz bei der Züchterschaft. Das änderte sich, als seine ersten Kinder unter den Sattel kamen — aber da stand er schon in Neuenkirchen.

Als die ersten Paradox-I-Nachkommen in Materialprüfungen vorgestellt wurden und auf den Reitpferdeauktionen in Münster brillierten, war der Bann gebrochen. Paradox I wurde zum Geheimtip. Aber Vorsicht: Schlittenfahren kann man nicht mit ihm. Paradox I quittiert. Seine nicht immer gezügelte Lebhaftigkeit schreckt noch heute manchen Züchter ab, diesen Fuchs anzupaaren — obwohl er zu den erfolgreichsten Sportpferdevererbern der Bundesrepublik gehört.

Aus seinen Augen strahlt das Vollblut, Paradox I kann seinen Vater nicht leugnen. Papayer xx hat sich stark durchgesetzt gegen die alte hannoversch-westfälische Mutterlinie des Paradox I. Die Markanz in den Partien, die Trockenheit im Fundament, das ausdrucksvolle Gesicht, der losgelassene Gang — das hat er dem Vater zu verdanken. Aber auch das sensible Wesen, die etwas weiche Fesselung und sein mittelstarkes Fundament sind Erbteile des Vaters.

Paradox I ist ein Vererber für alle Ansprüche. Er liefert erstklassige Beschäler, qualität

PARADOX I

Geboren: 1964 in Westfalen
Lebens-Nr.: 410169764
Züchter: Wilhelm Lackenberg,
　　　　 Eickenbeck, Dreisteinfurt
Farbe: Fuchs
Abzeichen: breit, üb. d. re. Auge u. d.
　　　　　 re. Nüster reich. durchg.
　　　　　 Blesse

volle Stuten, Championatssieger, Dressurtalente und vor allem: Überdurchschnittliche Springpferde. 27 seiner Nachkommen gewannen 1982 über 1000 Mark im Parcours. Zu den gewinnreichsten gehörten unter anderem Palma Nova und Pardon (Hendrik Snoek), Payot (Wolfgang Brinkmann), Prinzess (Gunnar Schlosser) und Pascal, mit dem Peter Jostes 1982 die Silbermedaille der Europameisterschaft der Springreiter-Junioren gewann.

		Bahram xx	Blandford xx
	Persian Gulf xx		Friar's Daughter xx
		Double Life xx	Bachelor's Douhle xx
Papayer xx			Saint Joan xx
		Fairway xx	Phalaris xx
	Seaway xx		Scapa Flow xx
		Cachalot xx	Hurry on xx
			Harpoon xx
		Almschütze Pr. H.	Almjäger I (Celle)
	Almfreund		St.Pr.St. Frühlingsfeier
		St.Pr.St. Diktatin H.	Diktator Ldb.
St.Pr.St. Arnika			Janne H.
		Schwips Ldb.	Schwank Ldb.
	Schwälbin H.		Netta H.
		St.Pr.St. Fanny H.	Feurio Ldb.
			St.Pr.St. Gunda H.

Zugleistungsprüfung: 1967
Maße: 166/186/ 21,0
Gekört: 1966 in Münster

Berühmte Nachkommen:

Gekörte Söhne: Pakt, Palast, Palisander, Papageno, Parcours, Pardon, Parnass, Partner, Parvenü, Pascal, Pfeffer, Prinz Paradox.
Töchter: 133 eingetragene Stuten
Staatsprämienstuten: 8
Hauptbuchstuten: 85
1982 waren 158 Paradox I-Nachkommen im Sport. Davon gewannen 35 Pferde mehr als 1.000 Mark.
Nachkommen-Gewinnsumme 1982: 561.800,-- DM
Der gewinnreichste Paradox I-Nachkomme 1982: Palma Nova - westfäl. Fuchs-Stute unter Hendrik Snoek: 22.000,-- Mark in schweren Springprüfungen.

Kein anderer Hengst stellt zur Zeit so viele Nachkommen im Spitzenspringsport. Damit hat der Warendorfer Fuchs seine hohe Nachkommen-Gewinnsumme nicht nur wenigen Spitzenpferden zu verdanken, sondern einem breiten Lot erstklassiger Sportpferde.

Die Paradox-I-Kinder zeichnen sich aus durch die selten glückliche Verbindung von Leistungsbereitschaft und Leistungsfähigkeit. Sie sind ausgestattet mit einem gesunden Temperament und dem Willen, immer alles zu geben.

Seit 1977 ist Paradox I im Landgestüt Warendorf aufgestellt. Da das Landgestüt über Tiefgefriersperma des Hengstes verfügt, sind seine Nachkommen mittlerweile über die ganze Bundesrepublik verstreut, laufen Reklame für den Vater und machen ihn zu einem begehrten Vererber.

Pasternak

Der erste Rheinländer in Warendorf (Rheinland)

Pasternak ist der jüngste Warmblut-Hengst in dieser Aufstellung, und seine Nachkommen sind noch nicht so alt, daß sie auf großen Turnieren hohe Gewinnsummen zusammenlaufen. Trotzdem hat es der großrahmige Rappe verdient, in diesem Reigen der berühmtesten Hengste Deutschlands erwähnt zu werden.

Pasternak ist ein Rheinländer — und was für einer. Er ist der große Stolz der rheinischen Züchter, denn als erster Hengst aus ihrem Zuchtgebiet gelang es Pasternak, das Rehgehörn nach Warendorf zu tragen. Das Landgestüt ist der große Regisseur der westfälischen und rheinischen Pferdezucht. Aber das Rheinland stand immer im Schatten des großen Bruders Westfalen. Im Landgestüt Warendorf standen hannoversche, westfälische und Tra-

kehner Hengste — aber keine Rheinländer. Das änderte sich 1973. Landstallmeister Dr. Lehmann erwarb auf der Körung den Patron-Sohn und ein dickes Lob der rheinischen Züchter. Das war mehr als eine nette Geste des Landstallmeisters, denn fortan kaufte Dr. Lehmann jedes Jahr ein bis zwei Hengste für Warendorf. Pasternak war der Beginn einer Ära. Die rheinischen Züchter sind aus dem stiefmütterlichen Nachhilfe-Dasein Westfalens herausgewachsen und nehmen seit 1973 aktiven Einfluß auf den Zuchtfortschritt im Landgestüt.

Pasternak steht ganz im Typ des modernen Reitpferdes: Großrahmig, ausdrucksstark und gut bemuskelt in allen Partien. Der Hengst verfügt über eine schöne schräge Schulter

PASTERNAK

Geboren:	1971 im Rheinland
Lebens-Nr.:	430050271
Züchter:	H. Linssen, Nettetal 1, Wevelinghoven
Farbe:	Rappe
Abzeichen:	li. Hinterf. weiß

und kräftige Hinterhand, aus der er im Trab enormen Schub entwickelt. Seinen Vater Patron kann er nicht leugnen, denn die Jacke, den großen Aufriß und die Bedeutung hat er von ihm geerbt. Patron ist ein großrahmiger Rappe Trakehner Abstammung, der 1970 von Gottfried Hoogen aus Polen importiert wurde und seitdem auf der Deckstelle Vogelsangshof jedes Jahr eine volle Deckliste hat. Er wird nicht nur in der rheinischen, sondern auch in

		Akcjonariusz	Sandor
			Akcja
	Tranzyt	Tramontana	Pulverturm
			Tralala
Patron		Traum	Tyrann
			Allmende
	Palatka		Abstammungs-nachweise in Folge
		Pociecha	Kriegsereignisse verlorengegangen
		Fernjäger	Feiner Kerl
			Abzahlung H
	Wortschwall	Schwabengold H	Schwall
			Ataris H
St.Pr.St. Diana		Dekan	Detektiv
			Abiseta
	Degenkunde H	S. Nr. 3097	Körner
			Feodosia

Hengstleistungs-prüfung: 1975 in Warendorf
Maße: 168/191/21,5
Gekört: 1973 in Langfurt

Gekörte Söhne: Piros, Pollignac
Töchter: 47 eingetragene Stuten
Staatsprämienstuten: 11
Hauptbuchstuten: 34
1982 liefen 24 Pasternak-Nachkommen im Sport. Davon gewannen 2 Pferde mehr als 1.000 Mark.
Nachkommen-Gewinnsumme 1982: 13.700,-- DM

der Trakehner Zucht eingesetzt und macht bedeutende Pferde mit schöner Oberlinie und viel Wachstum. Pasternaks Mutter Diana (v. Wortschwall) ist eine ausdrucksvolle, mittelgroße Stute, die ins rheinische Pferdestammbuch mit der Note „gut" aufgemommen wurde und eine Staatsprämie erhielt.

Pasternak selbst war Siegerhengst seines Jahrgangs und wurde 1976 und 1982 erfolgreich auf DLG-Ausstellungen vorgestellt. Bei der Hengstleistungsprüfung nach dem Warendorfer Modell plazierte er sich im vorderen Drittel. Seine noch relativ jungen Nachkommen sind in Zucht und Sport überdurchschnittlich erfolgreich. Die große Anzahl der Staatsprämien- und Hauptbuchstuten verdeutlicht seine Stellung in der rheinischen Warmblutzucht. Auch als Reitpferdevererber hat er sich durch Lieferung von Dressurtalenten und leichttrittigen Pferden einen Namen gemacht. Seit neun Jahren bezieht er seine Beschälerbox auf dem Rittergut Muthagen bei Geilenkirchen.

Permit

Keiner hat ihn erreicht
(Traber)

Um die wirkliche Klasse des Hengstes Permit einzuschätzen, müssen zuerst einige Erklärungen gegeben werden. Der Traber-Hengst ist 1945 geboren — ein paar Tage vor dem Ende des Zweiten Weltkrieges. Erst dreijährig konnte er richtig herausgebracht werden und seine Klasse auf der Rennbahn zeigen. Bis zum Jahr 1953 hat Permit die unvorstellbare Summe von 460 000 Mark verdient. Wenn man die Dotierungen der Nachkriegsjahre zugrunde legt und sie mit den heutigen Siegpreisen vergleicht, würde dies heute einer Gewinnsumme von über zwei Millionen Mark entsprechen.

Nach Permit hat es auf der Traber-Bahn und in der Zucht kein Pferd mehr gegeben, daß auch nur annähernd diese Klasse gehabt hätte. Er ist unbestritten und wahrscheinlich auch noch für eine Reihe von Jahren der absolute Star unter den Trabern, die in Deutschland gezogen wurden.

Der bekannte Traber-Züchter und Trainer Walter Heitmann in Lasbek in Schleswig-Holstein hat Permit gezogen. Vater war der damals bekannte Hengst Epilog (D). Er gewann selbst 12 Zuchtrennen und war mehrere Jahre Champion der Vaterpferde. Permits Mutter Maienpracht hatte nicht viel Gelegenheit, sich auf der Bahn zu beweisen. Die Tochter des hoch angesehenen importierten amerikanischen Deckhengstes The Geat Midwest kam schon fünfjährig in die Zucht. In ihrer kurzen Rennlaufbahn war sie aber in einem Zuchtrennen siegreich.

Protokoll:

PERMIT

Geboren:	1945 in Schleswig-Holstein
Lebens-Nr.:	19917
Züchter:	Walter Heitmann, Lasbek bei Hamburg
Farbe:	Fuchs
Abzeichen:	Durchgehende Blesse, hint. re. hoch gefesselt
Gekört:	1950 in Hamburg

Permit ist 124 mal an den Start gegangen. Nur in neun Rennen war er nicht plaziert! 58 Rennen hat er gewonnen, teilweise haushoch überlegen, 57 mal war er plaziert. Dreijährig gewann Permit nur ein Zuchtrennen. Im darauffolgenden Jahr war er schon Sieger in drei Rennen. Seine große Rennlaufbahn aber begann in seinem fünften Lebensjahr. In diesem Jahr gewann er den Großen Preis von Gelsenkirchen, das Elite-Rennen in Gelsenkirchen, den Großen Alster-Preis, den Altonaer Steher-Pokal, das Gladiatoren-Rennen in Hamburg und in Berlin das Matadoren-Rennen.

Stammbaum

Epilog (D.Tr.)	Legality	Lawful	Lee Axworthy / Sister Hattie
		Rhein Lass	Bingen / Mokomo
	Mary H. (D.Tr.)	Issy les Moulineaux (Fr.Tr.)	Azur (Fr.Tr.) / Algérienne
		Mary Mac (A.Tr.)	Constenaro / Bertine
Maienpracht (D.Tr.)	The Great Midwest (A.Tr.)	Peter the Great	Pilot Medium / Santos
		Nervolo Belle	Nervolo / Josephine Knight
	Maiennacht (D.Tr.)	Harvest Day (A.Tr.)	Daystar / Harvest Girl
		Maienlieb (D.Tr.)	Brilon (A.Tr.) / Mary Mac (A.Tr.)

Rennleistung

Permit belegte bei 124 Starts 57 Plätze und war 58 Mal siegreich. 458.620,-- DM Gewinnsumme/ 1:17,3 Rekord. Er gewann dreimal das Matadoren-Rennen, zweimal das Elite-Rennen. Außerdem war er 1953 siegreich im Prix d'Amerique in Paris-Vincennes.

Berühmte Nachkommen:

Gekörte Söhne: Aldo, Allgäu, Arnulf, Baldur, Bison, Chamois, Cid, Croupier, Errol, Favorit, Ferrum, Gerolf, Gerrol, Giant, Gutenberg, Hadu, Hanselmann, Hexer, Hodder, Ibykos, Ikaros, Iwan, Jaguar, Lasbeker, Lord Noble, Lord Pit, Manzanares, Mister Permit, Nizam II, Permanus, Pirat, Polardachs, Primus, Roberto, True England, True Man, Tury, Wandervogel, Wulf.

Töchter: 254 eingetragene Stuten

Von den bedeutenden deutschen Zuchtrennen gewann Permit drei mal das Matadoren-Rennen in Berlin, zweimal das Elite-Rennen in Gelsenkirchen, einmal das Gladiatoren-Rennen in Hamburg und den Münchner Pokal.

Bis heute ist Permit der deutsche Traber mit den meisten Siegen in bedeutenden ausländischen Rennen. Er gewann in Mailand, in Wien, in Stockholm und als absoluter Höhepunkt seiner Laufbahn den Prix d'Amerique in Paris-Vincennes. Heute ist dieses Rennen mit einem Gesamtpreis von 1,8 Millionen FF dotiert. Das entspricht rund 750 000 Mark.

Oben: Der Ausnahme-Traber: Permit 1955   Unten: Lord Pit, Derbysieger 1967

Permit ist eines der wenigen ,,Über-Pferde'' gewesen, die in der Rennlaufbahn ähnlich unangefochten vorn lagen wie in der Zuchtleistung. Von den 481 eingetragenen Nachkommen des Hengstes, der weiterhin im Besitz von Walter Heitmann von 1951 bis 1969 in Schleswig-Holstein gedeckt hat, nahmen 430 erfolgreich an Trabrennen teil und gewannen gemeinsam über 15 Millionen Mark.

Allein fünf Derby-Sieger sind Söhne von Permit: Errol (1960), Gutenberg (1962), Hadu (1963), Lord Pit (1967) und Manzanares (1968). Von 1962 bis 1968 war Permit unangefochten Champion der Vaterpferde in Deutschland — seine Nachkommen erzielten in jedem Jahr die höchsten Gewinnsummen.

1964 ist der sicherlich bedeutendste Sohn von Permit geboren: Lord Pit (D) 1:16,9. Doch auch Errol, Gerrol, Hadu, Wulf und in Holland Polardachs sind Vererber von allergrößtem Format. Die vielen von Permit abstammenden Stuten haben sich in der Zucht ebenfalls außerordentlich bewährt.

Viele Nachkommen — auch gekörte Hengste — wirken in vielen Ländern Europas. Kein anderer Hengst nach dem Zweiten Weltkrieg hat den deutschen Trabrennsport und die deutsche Traberzucht so entscheidend geprägt und verbessert wie der Fuchshengst Permit.

Er starb 1969 auf der Deckstation in Schleswig-Holstein, auf der er sein Leben lang gewirkt hatte.

Der Derby-Sieger Errol v. Permit.

Piccolo

Zuchtimport im Mutterleib
(Welsh-Pony)

Das Welsh-Pony gehört zu den häufigsten und beliebtesten Ponyrassen der Welt. Seine Heimat ist Wales, im Südwesten von England, wo es schon im Altertum bekannt war. Heute gehört diese Pony-Rasse aufgrund seiner elastischen Bewegungen und seiner harten Konstitution zu den häufigsten Turnierponys.

Seit einigen Jahren werden im Jahrbuch Zucht auch die Gewinnsummen der Ponys veröffentlicht. Innerhalb dieser Rasse machte vor allem der Schimmelhengst Piccolo von sich reden. Piccolo wurde 1968 im Mutterleib aus England importiert. Der rheinische Züchter Dominikus Droemont kaufte auf der Insel die sehr drahtige und feine Stute Pantypillau May, die von dem renommierten Vererber

Downland tragend war. Pantypillau May war eine rassetreue Stute, sehr edel, aber mütterlich und mit ausgezeichneten Bewegungen. Im Schwung wurde sie bei der Eintragung ins deutsche Stutbuch mit einer 1 bewertet.

Am 25. Juli 1968 fohlte sie Piccolo, der zwei Jahre später in Krefeld gekört wurde. Piccolo ist ein ausdrucksvoller Hengst mit hübschem Kopf und großen Augen. Seine kleinen Ohren verraten hohe Intelligenz. In der Oberlinie ist er gut formiert mit genügend Hals, Schulter und Widerrist. Er besticht in seinen Grundgangarten. Genau wie seine Mutter kann er sich überdurchschnittlich bewegen. Vor allem der Trab ist elastisch und raumgreifend — eine Einladung an jeden jungen Reiter. Die Schwä-

PICCOLO

Geboren: 1968 im Rheinland
Lebens-Nr.: 440001668
Züchter: G. James Pyntypyllau,
                 Llanddewir, England
Farbe: Schimmel
Abzeichen: keine

che seiner Mutter, das feine und zierliche Gebäude, hat Piccolo nicht geerbt. Er ist deutlich größer als seine Mutter und auch stärker im Fundament.

Bereits früh erkannte man bei den Piccolo-Nachkommen eine besondere Eignung für den Fahrsport. Besonders bei Gelände- und Langstreckenfahrten haben sich seine Kinder bewährt. Sie sind ehrlich, hart und leistungsfähig. Durch die Gewinnsummen seiner Nachkommen stand der Hengst 1981 an erster Stelle aller Welsh-Hengste. Nach der Nachkommen-Gewinnsumme war er 1982 sogar zweiter

Vater:				
		Coed Coch Glydwr	Revolt	
	Coed Coch Sidi		Dinarth Henol	
		Coed Coch Seirian	Bowdler Baron II	
Downland Imp			Coed Coch Serliw	
		Craven Greylight	Craven Cyrus	
	Craven Iona		Gateshead Dainty	
		Ness Daffodil	Forest Star Mixture	
Mutter:			Ness Lilac	
		Cwm Crem Dandy	Criban Monty	
	Cwmowen Crusader		Cwm Dazzle Reide	
		Cwmowen Nellie	Duhonw Emperor	
Pantypyllau May Blossom K(R)H W			Cwmowen Lady	
		Criban Rocket	Criban Grey Grit	
	Pantypyllau May Queen		Criban Carnation	
		Pantypyllau May Flower S.	—	

Hengstleistungsprüfung: keine
Maße: 122/148/15,0
Gekört: 1970 in Krefeld

Berühmte Nachkommen:

Gekörte Söhne: keine
Töchter: 5, davon Hauptbuchstuten: 3
1982 waren vier Piccolo-Nachkommen im Sport, die zusammen 1.560,-- Mark verdienten.

aller im Rheinland zur Zucht verwendeten Kleinpferde- und Ponyhengste.

Piccolo hat nicht sehr zahlreiche Nachkommen. Gerade deshalb muß seine Vererbung von Leistungsponys als so erfolgreich angesehen werden. Mittlerweile ist der Schimmel ein gefragter Vererber und es ist zu erwarten, daß er in der Gewinnsummen-Statistik aller Pony-Rassen noch weiter nach vorn rücken wird.

Leider konnte Piccolo durch seine wenigen Nachkommen bisher nur geringen züchterischen Einfluß nehmen. Es bleibt abzuwarten, wie sich der Hengst in der Zucht durchsetzen wird.

Pik As xx

Der Hannoveraner bekommt Härte
(Vollblut/Hannover)

Kaum ein Pik As xx-Nachkomme, der in seinem Erscheinungsbild nicht den Vater verrät. Seine Nachkommen haben sich in allen Disziplinen des Sports hervorgetan. Genau wie bei den Der Löwe xx-Kindern mangelte es ihnen oft an Größe. Dieses Manko wurde aber durch einen großen Kampfgeist und hohe Leistungsfähigkeit schnell wieder ausgeglichen. Was Marcio xx in der Vererbung vermissen ließ und worin ihn nur Der Löwe xx übertroffen hat: Der Stempel von Härte und Textur über Generationen hinweg.

Pik As xx wurde 1953 im Landgestüt Celle eingestellt. Er stand sein Leben lang bis 1969 in Hohnstorf an der Elbe. Hier, wo schwere, bodenständige Pferde auf feuchten Marschböden gedeihen, paßt ein Vollbluthengst hin. Pik As xx sollte die Umzüchtung des groben und wenig harmonischen Hannoveraners zu einem moderneren Typ beschleunigen. Das hat er geschafft.

Er machte intelligente, typtreue Pferde, die leider fast alle eines gemeinsam hatten: Sie waren klein. Der Vater brachte selbst nur 157 Zentimeter an die Meßlatte und deshalb war klar, daß dieser Mangel nur von ihm stammen konnte. Klein im Maß, aber groß im Herz – das waren die Pik As xx. Ihre Leistungsbereit-

PIK AS xx

Geboren:	1949 im Rheinland
Lebens-Nr.:	060042749
Züchter:	Gestüt Mydlinghoven, Hubbelrath
Farbe:	Braun
Abzeichen:	Stern und Schnippe

schaft sprach Bände und war durchweg als vorbildlich zu bezeichnen.

Das ist auch der Grund, warum so viele Pik As xx-Nachkommen den Weg in den großen Sport fanden. Die berühmtesten Beispiele heissen Pesgö und Porta Westfalica. Letztere war das wohl erfolgreichste Pferd von Hendrik Snoek, mit dem er jahrelang ganz vorne mitritt. Der Schimmelwallach Pesgö war ein Aus-

		Landgraf xx	Louviers xx
	Ferro xx		Ladora xx
		Frauenlob xx	Caius xx
Abendfrieden xx			Farandole xx
		Herold xx	Dark Ronald xx
	Antonia xx		Hornisse xx
		Adresse xx	Nuage xx
			Antwort xx
		Blenheim xx	Blandford xx
	Mirza II xx		Malva xx
		Muntaz Mahal xx	The Tetrarch xx
Pechfackel xx			Lady Josephine xx
		Aldford xx	Mauvezin xx
	Perlenschnur xx		Mangalmi xx
		Postenkette xx	Lycaon xx
			Pinie xx

Hengstleistungsprüfung: keine.
Maße: 157/177/19,0
Gekört: 1952

nahmepferd in jeder Beziehung. Nur selten hat es im internationalen Turniersport ein Pferd gegeben, das so viel Poesie ausstrahlte und jeden Zuschauer so sehr für sich einnehmen konnte. Überall wo er auftrat: Das Pferd.

Pik As xx-Nachkommen hatten den siebenten Sinn, den spritzigen Geist, den jede Warmblutzucht sucht und doch immer wieder nur beim Vollblut findet. Einige Pik As xx-Kinder waren aber auch behaftet mit den Nachteilen des Vollblutes: Sie waren knapp im Fundament und zuweilen etwas weich im Rücken. Doch sie verfügten über einen guten Bewegungsablauf mit enormem Engagement aus der Hinterhand. Diese Eigenschaft wird auch von den Söhnen und Töchtern des Pik As xx weitergegeben. Seinen etwas kurzen, in der unteren Partie stark bemuskelten Hals hat er glücklicherweise nicht so oft vererbt.

Pik As xx hat etwa 300 Fohlen hinterlassen, von denen 34 mit einer Ia-Prämie ausgezeichnet wurden. Sein bekanntester Sohn ist der braune Pik König, über den sich in der hannoverschen Zucht eine erfolgreiche Hengstlinie zu entwickeln scheint.

Berühmte Nachkommen:

Gekörte Söhne: Pikant, Pik Junge, Pik König, Pikör.
Töchter: 97 eingetragene Stuten
Staatsprämienstuten: 13
Hauptbuchstuten: 89
1982 waren noch 6 Pik As xx-Nachkommen im Sport. Davon gewannen 2 Pferde mehr als 1.000 Mark.
Nachkommen-Gewinnsumme 1982: 465.000,-- DM
Die erfolgreichsten Pik As xx-Nachkommen: Die hannoversche Schimmelstute Porta Westfalica hat unter Hendrik Snoek mehrere Siege in schweren Springprüfungen.
Pesgö - hannoverscher Schimmel-Wallach unter Helga Köhler, mehrfach siegreich in internationalen Springprüfungen.

Als Pik As xx 1969 getötet werden mußte, war das wertvolle Abendfrieden xx-Blut für Celle nicht verloren. Die Gestütsleitung hatte sich abgesichert: Elf Jahre nachdem Pik As xx erstmals Celler Boden betrat, folgte sein Bruder Perser xx ins Landgestüt. Er war drei Jahre jünger als Pik As xx und wurde 1964 neben Wöhler in Burlage stationiert. Bis er in Deckhengst-Kondition kam, war er seinem Vollbruder im äußeren Erscheinungsbild noch sehr ähnlich. Die Markanz in den Partien, die mächtige Schulter und die Trockenheit im Fundament waren deutlich zu vergleichen. In der Formation des Halses hat er seinen Bruder sogar noch übertroffen.

Später, als Perser xx voll im Deckeinsatz war, legte er mächtig aus — auf Kosten einer strammen Textur. Der Rücken ging etwas weg und auf den Beinen stand er auch nicht mehr so fest. Aber Perser xx war mit 165 Zentimeter deutlich größer als Pik As xx und er war auch im Fundament stärker. Trotzdem blieben vor allem seine weiblichen Nachkommen in der Regel etwas knapp im Rahmen und hatten ein leichtes aber korrektes Fundament. Aber in der Anpaarung mit kalibrigen Hengsten gaben seine Töchter die Exterieur-Points des Vaters wieder weiter.

Perser xx lieferte harte Leistungspferde für den großen Sport. Das bekannteste von ihnen ist der Fuchs-Wallach Patras, der unter Peter Weinberg mehrere Mächtigkeitsspringen gewonnen hat.

1982 war Perser xx der erfolgreichste Vollblutvater deutscher Turnierpferde. Seine Nachkommen gewannen in dem Jahr rund 90 000 Mark. Mit 50 000 Mark verdiente Patras dabei allerdings den Löwenanteil. Trotzdem ist der Pik As xx-Bruder mit fast 650 000 Mark Nachkommen-Gewinnsumme hinter Der Löwe xx der erfolgreichste Vollblüter in Deutschland. In der ewigen Rangliste der Turnierpferde-Väter nimmt er den achten Rang ein. Pik As xx folgt in dieser Statistik erst auf dem 20. Platz.

Perser xx konnte trotz dieser Gewinnsummen nicht die Bedeutung in der hannoverschen Pferdezucht erlangen, wie man sie Pik As xx zuerkennt. Er hat sechs gekörte Söhne hinterlassen, die sich aber züchterisch nicht durchsetzen konnten. Das Vollblutgespann Pik As xx/Perser xx trug in den sechziger Jahren mit Trockenheit und Härte ganz wichtige Merkmale in die hannoversche Zucht, die heute noch von den beiden Vollbrüdern profitiert.

Unten: Der Pik As xx-Bruder Perser xx in Beschäler-Kondition.

Pilatus

Das ganz große As hat ihm gefehlt (Westfalen)

Die meisten Privathengste haben es nicht leicht gegen die Konkurrenz ihrer staatlichen Kollegen. Zahlenmäßig ist ihr Verhältnis recht ausgeglichen, aber die Landgestüte besitzen eine stille Vorherrschaft in der Pferdezucht. Die Gründe liegen auf der Hand: Erst durch den Staat wurde eine geregelte Hengsthaltung ermöglicht, die Decktaxen der Landgestütshengste sind viel niedriger und für viele Pferdeleute gehört es zur züchterischen Traditionspflicht, dem Landgestüt die Stange zu halten. Vor allem aus diesen Ursachen resultiert die hohe Anzahl der von Landbeschälern gedeckten Stuten.

Der westfälische Privathengst Pilatus aber ist ein Beschäler, der den Vergleich mit guten Staatshengsten nicht scheuen braucht. Elf

Jahre deckte er bei Kunibert Münch in Datteln — mitten im westfälischen Hauptzuchtgebiet nahe der holländischen Grenze. Er konnte sich behaupten gegen die Übermacht der Warendorfer Staatsdiener — nicht nur was die Beliebtheit betrifft.

Pilatus wurde in Datteln geboren, er trägt den westfälischen Brand und in seinen Adern fließt bunt gemischtes Leistungsblut. Sein Vater Perseus war ebenfalls ein begehrter Privathengst, der den Vollblüter Pluchino xx zum Vater hat. Mütterlicherseits ist dieser Perseus über den Anglo-Araber Ramzes x und den Trakehner Oxyd nach Vornholzer Leistungs-Methode gezogen. Die Mutter von Pilatus stammt von dem hannoverschen Spitzenvererber Duellant und einer ebenfalls aus Hanno-

PILATUS

Geboren: 1965 in Westfalen
Lebens-Nr.: 410174165
Züchter: Kunibert Münch, Sutumer-
             str. 19, Datteln
Farbe: Braun
Abzeichen: St., l. Vkr. w., r. Vfs. w.,
             bd. Hf. w.

ver stammenden Hauptstammbuchstute. Sein Pedigree hat alles, was das verwöhnte Züchterherz begehrt: Englisches und arabisches Blut, Trakehner Spezialblut, konsolidiertes Westfalenblut und bewährtes Blut aus Hannover.

Pilatus hat viele Nachkommen im Sport, unter denen das ganz große As immer gefehlt hat. Aber seine Nachkommen sind durchweg rittig, jeder kann mit ihnen umgehen und sie

		Niccolo dell'Arca xx	Coronach xx Nogara xx
	Pluohino xx Pr. H.		
		Flush xx	Holywell xx Poker xx
Perseus Pr. H. Sch.			
		Ramzes Pr. H.	Rittersporn xx Jordi
	St.Pr.St. Adria		Oxyd Pr. H.
		Admiralität St.Pr.St.	
			Altdeutsche Detektiv
		Dolman	Aussicht
	Duellant Ldb. Celle		
		Forstweihe	Foliant Schnepfenjagd
St.Pr.St. Duela		Folgsam	Floral Gakilla
	Formehre Hann. S.		Karl
		Kabanus (H)	(S)

Zugleistungsprüfung: 1968
Maße: 168/184/21,5
Gekört: 1967 in Münster

Gekörte Söhne: Perlkönig I, Perlkönig II, Pianist, Picasso, Pikör, Pilot, Polarstern, Planet, Pisano, Polydor, Pontius.
Töchter: 125 eingetragene Stuten
Staatsprämienstuten: 13
Hauptbuchstuten: 108
1982 waren 85 Pilatus-Nachkommen im Sport. Davon gewannen 4 Pferde mehr als 1.000 Mark.
Nachkommen-Gewinnsumme 1982: 117.000,-- DM

erfüllen willig alle Anforderungen. Er ist ein sicherer Vererber, der sich gleichbleibend gut und treu vererbt. Bis er 1978 nach Holland verkauft wurde belieferte er den deutschen Turniersport über Jahre hinweg mit leistungsbereiten Reitpferden. Ob Dressurviereck, Springparcours oder Geländestrecke — die Pilatus-Nachkommen haben überall ein Wörtchen mitzureden.

Züchterisch konnte Pilatus sich ebenso stark durchsetzen. Seine Söhne Perlkönig I, Polydor und Pilot wurden in den Staatsdienst übernommen und sind Beschäler im nordrhein-westfälischen Landgestüt Warendorf. Sein Sohn Perlkönig II ist ein beliebter und sehr erfolgreicher Privathengst im bayerischen Zuchtgebiet. Eine Reihe erstklassig und in gutem Typ stehende Mutterstuten haben Pilatus zum Vater.

Pregel

Verbindung von Kaliber und Adel
(Trakehner/Württemberg)

In jeder Pferdezucht gibt es Stempelhengste. Nur selten aber gelingt es einem Hengst in mehreren Zuchten eine bedeutende Rolle zu spielen. Pregel ist es gelungen. Er wurde zum großen Vererber in der Trakehner und der Württemberger Zucht.

Der großrahmige Schimmel führte bestes ostpreußisches Blut. Er ist dreimal ingezogen auf Tempelhüter und verbindet in Abstammung und Erscheinungsbild hervorragend das Englische und Arabische Vollblut. Seine Eltern wurden in Trakehnen geboren und die Kombination Tropenwald mal Peraea hatte viermal Erfolg. Die drei gefallenen Hengste wurden gekört. Pregels Vollbrüder Preuße und Sleseus wurden schon früh ins Ausland verkauft.

Seine einzige Schwester Perpetua galt Anfang der sechziger Jahre als die beste Trakehner Stute.

Pregel verband vorzüglich das Kaliber seines Vaters mit dem arabischen Flair seiner Mutter. Er war ein ausdrucksvoller Hengst, in jeder Beziehung bedeutend mit überragenden Bewegungen in allen Gangarten. Das etwas eng gestellte Hinterbein hatte er wohl seinem Urgroßvater Fetysz ox zu verdanken. Sein Markenzeichen jedoch war sein ausgeprägter Charakter und sein gelassenes Temperament, das ihm bereits 1961 bei der Hengstleistungsprüfung in Westercelle bescheinigt wurde. Diese Eigenschaft hat er durchweg vererbt und machte seine Kinder zu beliebten Reit-

PREGEL

Geboren: 1957 in Niedersachsen
Lebens-Nr.: 090019258
Züchter: C. Krebs, Rantzau,
Kr. Plön/Schleswig-Holst.
Farbe: Schimmel
Abzeichen: St., lg. Schnp.
Maße: 167/193/21,0
Gekört: 1960

pferden. Die Pregels sind ruhig und gelassen in jeder Situation: Pferde, auf die sich jeder Reiter verlassen kann.

Bevor Pregel zehnjährig nach Marbach wechselte, deckte er in den Trakehner Verbands-Gestüten Hunnesrück und Rantzau. In Rantzau ist auch Donauwind, sein bekanntester Sohn, geboren. Donauwind wurde 1975 nach Dänemark verkauft, steht heute in den Vereinigten Staaten und hat in seiner relativ kurzen Zuchtbenutzung seinen Vater noch übertroffen. Genau wie sein Vater war Donau-

Tropenwald F.	(Hyperion od.) Termit	Hyperion	Dampfroß	v. Dingo
			Hypothese	v. Haselhorst
		Technik	Tempelhüter	v. Pervectionist xx
			Tageskönigin	v. Shilfa xx
	Tropenglut	Poseidon	Pirat	v. Tempelhüter
			Polanka	v. Fischerknabe
		Tropenzone	Pirol	v. J. Pilot
			Tropensonne	v. Mast. Magpie xx
Peraea	Hirtensang	Parsival	Morgenstrahl	v. Blue Blood xx
			Posthalterei	v. Perfectionist xx
		Hirnschale	Lichtenstein	v. Obelisk
			Hirnfaser	v. Ostende Expreß xx
	Per Adresse	Fetysz ox	Bakszysz ox	v. Ilderim ox
			Siglavy Bagdady ox	v. Sigl. Bagdady ox
		Pergamon	Cancara	v. Mast. Magpie xx
			Perspective	v. Tempelhüter

Hengstleistungsprüfung 1961 in Westercelle: Schritt und Trab gut; Galopp sehr gut; Temperamt ausgeglichen - sehr gut; Konstitution sehr gut; Rittigkeit und Springanlage sehr gut; zuverlässiges, gutes Reitpferd.

Berühmte Nachkommen:

Gekörte Söhne: Astor, Donar, Donauwind, Garbensegen, Ginster, Index, Kurfürst, Leguan, Magnet, Pikeur, Pluto, Präfekt, Prälat, Präses, Primo, Prüfer, Prunk, Repuls.
Töchter: 146
Hauptbuchstuten: 137, davon mehrere DLG-Ausstellungsstuten.
1982 liefen 31 Pregel-Nachkommen im Sport. Davon gewannen 4 Pferde mehr als 1.000 Mark.
Nachkommen-Gewinnsumme 1982: 167.000,-- DM

wind ein überragender Vererber. Gleich gut in der Lieferung von Beschälern, Zuchtstuten und Reitpferden für alle Anforderungen.

Als Pregel 1967 nach Marbach kam, war er zunächst Leihhengst. Nach dem Tod seines Züchters und Besitzers, Curt Krebs-Schimmelhof, wurde er dem Gestüt testamentarisch überlassen. Pregel war dann mehrere Jahre abwechselnd Haupt- und Landbeschäler in Marbach bis er 1979 wegen einer Herzerkrankung eingeschläfert werden mußte. Er wurde in der Württemberger Zucht zum Nachfolger von Julmond. Er lieferte beste Pferde, die nicht nur im Sport erfolgreich sind, sondern auch in der Zucht Außerordentliches leisten.

Radetzky

Der größte Sohn seines Vaters
(Westfalen)

Das Gestüt Vornholz war bekannt dafür, daß es oft seinen eigenen züchterischen Weg ging. Unabhängig von Verbandsanerkennung und Deckerlaubnis wußte man selbst, wie ein leistungsfähiger Vererber auszusehen hatte und vor allem: Welches Blut er führen mußte. Dieses Zuchtprinzip wurde bereits seit Anfang der fünfziger Jahre betrieben und galt zu damaliger Zeit als äußerst spektakulär.

Zu den erfolgreichsten und vollkommensten Produkten dieser leistungsbetonten Pferdezucht gehörte der Schimmel Radetzky. In seinem Pedigree finden sich die drei Rassen, auf die man auch nach jahrelanger Veredlungsphase in der Deutschen Warmblutzucht nicht

verzichten kann: Der Trakehner, der Araber und der englische Vollblüter.

Sein Vater Ramzes x war der bedeutendste Anglo-Araber nach dem Zweiten Weltkrieg. Ramzes x war ein Sohn des englischen Vollblüters Rittersporn xx und seine Mutter führte das Blut des Shagya-Arabers. Radetzkys Großvater mütterlicherseits war der Trakehner-Rappe Oxyd. Oxyd war bis 1937 Landbeschäler in Rastenburg (Ostpreußen) und kam ein Jahr später nach Vornholz. Dort wurde er Vater vieler guter Turnierpferde und ausgesprochen qualitätvoller Mutterstuten. Zu diesen Mutterstuten gehörte auch die westfälische Hauptbuchstute Malta, die in mütterlicher Linie auf hannoversches Blut zurückgeht.

RADETZKY

Geboren: 1951 in Westfalen
Lebens-Nr.:   410141251
Züchter: Clemens Freiherr von Na-
              gel, Vornholz
Farbe: Schimmel
Abzeichen: keine

Radetzky führte somit in zweiter Generation vier verschiedene Blutelemente.

Nicht zuletzt diese interessante Blutkombination war es, die den damaligen Landstallmeister Bresges 1953 bewog, den Hengst für Warendorf anzukaufen. Doch noch bevor die ersten Radetzky-Fohlen geboren waren, wurden kritische Stimmen laut. Nicht selten fiel in

		Saint Saulge xx	Le Sancy xx
			May Pole xx
	Rittersporn xx		St. Angela xx
		Molli Clarke xx	Lady Peggy xx
Ramzes		Shagya-x-3	Shagya x
			Amurath VI
	Jordi		Bakəɤɛz
		Demeter	Astarte
		Irrlehrer (Beberb.)	Perfectionist xx
	Oxyd		Inständige
		Oxalis (Beberb.)	Metellus xx
Malta H. B.			Oberpfalz
		Meleager	Cölestin (Beberb.)
			Meerkatze
	St.Pr.St. Meerfahrt		Beberb. Stb.
		Finnländerin	Flirt
			Kebandina

Zugleistungsprüfung: 1954 in Warendorf
Maße: 162/179/ 20,5
Gekört: 1953 in Münster

Berühmte Nachkommen:

Gekörte Söhne: Rabant, Radar, Raffael, Raimondo, Ramadan, Raphael, Rasant, Rasputin, Ratsherr, Raufbold, Ravel, Ravello, Realist, Remus I, Remus II, Rendant, Riesling, Rinaldo, Rivale I, Rivale II, Romeo, Rossini.
Töchter: 237 eingetragene Stuten
Staatsprämienstuten: 29
Hauptbuchstuten: 187
1982 waren 19 Radetzky-Nachkommen im Sport. Davon gewann ein Pferd mehr als 1.000 Mark.
Nachkommen-Gewinnsumme 1982: 360.700,-- DM
Der gewinnreichste Radetzky-Nachkomme war der westfälische Schimmel-Wallach Rasputin, der viele Jahre unter Hendrik Snoek siegreich in schweren Springprüfungen ging.

diesem Zusammenhang der Begriff der Aufspaltung. Was würde der Schimmel vererben? Die Härte oder die Feinheit des englischen Vollblüters, die Schönheit oder die geringe Größe des Arabers, die Derbheit oder die Leistungsbereitschaft der westfälisch-hannoverschen Mutterlinie? Radetzky überzeugte die Kritiker auf seine Weise und ließ seine Fohlen für sich sprechen: Nur selten hat es in der Deutschen Warmblutzucht einen Hengst gegeben, der so verschiedene Erbelemente in so wertvoller Weise weitergab. Radetzky wurde zu einem Linienbegründer der modernen westfälischen Warmblutzucht.

Obwohl sein Pedigree nur zu 25 Prozent arabisch beeinflußt war, verfügte er doch über den vollen Ausdruck und die ganze Noblesse eines Arabers. Ein Beweis für die dominante Vererbungskraft des arabischen Blutes. Er war sehr gut formiert in der Schulter und der Wi-

Herristpartie (Erbteil Rittersporn xx). Wenn sein Vorderfuß auch etwas leicht war, so wußte er sich doch ungemein elastisch und raumgreifend zu bewegen, was er besonders seinem Großvater Oxyd zu verdanken hatte. Er hatte die Bedeutung eines Beschälers, was vor allem durch seinen mächtigen Hals und seinen guten Geschlechtsausdruck deutlich wurde.

Radetzky war ein überall beliebter Hengst. Die Gestütsbeamten lobten seine Leistungsbereitschaft und sein gutes Temperament und bei den Züchtern hatte er wegen seiner hochklassigen Fohlen einen großen Stein im Brett. Im Landgestüt wurde er dressurmäßig bis zur Grand Prix-Reife gefördert und war lange Jahre der Star der Warendorfer Hengstparaden.

Seine Nachkommen gelten als rittig und angenehm im Umgang. Radetzky lieferte Sportpferde für jeden Gebrauch. Sein bekanntester und gewinnreichster Sohn war der Schimmel-Wallach Rasputin, der unter Hendrik Snoek jahrelang zu den besten Springpferden Deutschlands gehörte. Der Radetzky-Enkel Sioux (v. Sinus xx) war unter Horst Karsten das erfolgreichste Vielseitigkeitspferd der siebziger Jahre.

Radetzky war für die westfälische Pferdezucht der richtige Vererber zur richtigen Zeit. Nach Aussage von Landstallmeister Dr. Lehmann ist der Vornholzer Schimmel als Reformator der westfälischen Zucht in den späten fünfziger und den sechziger Jahren zu bezeichnen. Seine Söhne, Enkel und Urenkel, aber auch seine weiblichen Nachkommen gaben der Zucht ein neues Gesicht. Radetzky verfeinerte nicht nur den Typ, sondern verbesserte auch die Reitqualität.

Mit seinem Vater Ramzes x hatte er im Warendorfer Hengstbestand die meisten Nachkommen. Sein einziger noch aktiver Sohn in Warendorf ist der sehr arabisch geprägte Riesling, der gegenwärtig zu den Spitzenvererbern des Landgestüts zählt. Der Dunkelbraune Realist (v.Radetzky) wurde 1970 DLG-Siegerhengst. Eine Reihe sehr guter Nachkommen hinterließ der Radetzky-Sohn Remus I. Dessen Sohn Regress wurde Siegerhengst der Körung in Münster, und Renaldo, ebenfalls ein Remus I-Sohn war Ib-Preisträger auf der DLG 1974 in Frankfurt. Über seinen Sohn Romulus I ist Remus I außerdem Großvater der beiden Spitzenvererber Romadour I und II.

Durch die aus Westfalen exportierten Hengste floß das Radetzky-Blut auch in andere deutsche Pferdezuchtgebiete. Seine beiden Söhne Ratsherr und Rinaldo sind seit langem gefragte Vererber im hessischen Landgestüt Dillenburg. Der Remus I-Sohn Remis gehört zum Beschälerbestand des Stammgestüts Schwaiganger und auch in der bayerischen Privatzucht decken eine Reihe sehr bedeutender Radetzky-Nachkommen.

Radetzky starb im Februar 1974 zu Beginn seiner 21. Deckperiode. Er war einer der Baumeister des modernen westfälischen Reitpferdes, ohne den der in aller Welt begehrte und zu einem Leistungsbegriff gewordene Westfale nicht denkbar wäre.

Links:
Radetzky gehörte zu den beliebtesten Hengsten des Landgestüts Warendorf. Die Gestütsbeamten lobten vor allem seine beispielhafte Rittigkeit und sein gutes Temperament.

Ramiro

Siegreich in Sb- und Zeit-Springen (Holstein/Westfalen)

In einer leistungsbetonten Warmblutzucht sind besonders solche Hengste gefragt, die ihr eigenes Leistungsvermögen selbst unter Beweis gestellt haben. Trotzdem gibt es nur wenige Hengste, die über die Hengstleistungsprüfung hinaus den Weg in den Sport finden. Und noch weniger Hengste haben das Glück, unter einem bekannten Reiter auch international erfolgreich zu sein.

Zu diesen ganz seltenen Exemplaren gehört der Holsteiner Ramiro. Unter seinem ehemaligen Besitzer und Reiter, Fritz Ligges, hat er eine Reihe schwerer Springprüfungen gewonnen. In der Deutschen Warmblutzucht kann man die Hengste, die es fertigbrachten, die sportliche und züchterische Karriere so voll-

kommen miteinander zu verbinden, an einer Hand abzählen.

Ramiro wurde 1965 im Gestüt Vornholz des Baron von Nagel geboren. Dieser kaufte von dem Vollblüter Cottage Son xx die Stute Valine seinerzeit in Holstein, tragend von dem Ramzes x-Sohn Raimond. Die Westfalen hatten bekanntlich schon immer ein gestörtes Verhältnis zur Privathengsthaltung und deshalb wurde der in Westfalen geborene Ramiro in Holstein zur Körung gestellt. Er deckte dann zunächst auf dem Gestüt Vornholz wenige Stuten und wurde 1969 nach Holstein verpachtet.

Ramiro hat in dem einzigen Jahr seines Wirkens in Schleswig-Holstein bedeutende Nach-

RAMIRO

Geboren: 1965 in Ostenfelde/West-
falen
Lebens-Nr.: 210389565
Züchter: Paul Bahlmann, Moor-
hufen/Holstein
Farbe: Braun
Abzeichen: l. bd. Nüst. reich. unr. Bl.,
r. Vbl. gefl. w., l. Hkr. inn.
gefl. w., r. Hf. gefl. w.

zucht hinterlassen. Zwar fanden seine Söhne nur begrenzt Einfluß auf die Holsteiner Zucht, aber dafür hat er sich als Stutenmacher bewährt. Vor allem seine Hengstmütter konnten aufgrund ihrer Typtreue und Stabilität in der Anpaarung mit Vollblutnachkommen wertvolle Zuchtpferde liefern.

Aber auch im Sport sind Ramiro-Mütter sehr gesucht, da die Kombination mit dem Leistungsvererber Cor de la Bryére eine besondere Springanlage verspricht.

		Rittersporn	Saint Saulge xx
			Molly Clarke xx
	Ramzes (Holst.)	Jordi	Schagya x-3
Raimond			Demeter
		Fanatiker	Fanal
	Infra		Nanette (H)
		Lining	Nenndorf
			Vellada
		Young Lover xx	Son-In-Law xx
	Cottage Son xx Db.		Tryst xx
		Wait Not xx	Cottage xx
Valine Holst. S. (H) Db.			Wait xx
		Logenschließer	Loretto
	Holle (H) B.		Münze (H)
		Ilona	Favorit
			Olga

Hengstleistungs-
prüfung: 1970 in
Westercelle
Maße: 168/200/
22,7
Gekört: 1967 in
Neumünster

Gekörte Söhne: Raddatz, Ramino, Ramiros Ass, Raphael, Raphalo, Rasputin, Rasso, Report I, Report II, Rescator, Rex Fritz, Ribot, Rinaldo, Rio Negro, Ritter, Romanow, Romantiker, Romeo, Romino, Ronald, Rotarier.
Töchter: 72 eingetragene Stuten
Staatsprämienstuten: 19
Hauptbuchstuten: 61
1982 waren 46 Ramiro-Nachkommen im Sport. Davon gewannen 10 Pferde mehr als 1.000 Mark.
Nachkommen-Gewinnsumme 1982: 411.900,-- DM
Erfolgreichster Ramiro-Nachkomme 1982: Ramiros Girl - braune Holsteiner Stute im Besitz von Fritz Ligges: über 10.000,-- Mark in Springprüfungen.

In Westfalen hat Ramiro sich ähnlich wertvoll vererbt, jedoch hat er auch über seine Söhne die westfälische Zucht stark beeinflußt. Als er von 1975 bis 1979 bei Fritz Ligges im westfälischen Hochzuchtgebiet deckte, hatte er jedes Jahr eine volle Liste. Zu diesem Zeitpunkt hatte er seine sportliche Karriere schon hinter sich und hätte viel mehr Stuten decken können, hätte man ihm nicht die Deckliste für westfälische Stuten begrenzt. Aber, wie gesagt, die Westfalen hatten schon immer ein besonderes Verhältnis zur Privathengsthaltung. Dafür war er anerkannt von fast allen anderen Zuchtverbänden. Von Bayern bis Oldenburg kam alles zu Ramiro, in der Hoffnung, seine Nachkommen würden ein Stück vom großen ,,Spring-Kuchen des Vaters'' abbekommen.

Ramiro selbst hat alle Arten von Springprüfungen gewonnen: Sb-Springen über 2,20 Meter und internationale Zeitspringen. Seine Söhne sind heute in fast allen deutschen Zuchtgebieten aufgestellt.

Ramzes x

Keine Reitpferdezucht ohne sein Blut
(Anglo-Araber)

Schon von je her war das anglo-arabische Blutelement ein wichtiger Baustein zum leistungsfähigen Reitpferd. Der bedeutendste dieser Bausteine in der Deutschen Warmblutzucht heißt Ramzes x.

Ramzes x führte als Sohn des Leistungsvererbers Rittersporn xx und der Shagya x-3-Tochter Jordi die besten Linien des Gestüts Radautz in seinem Pedigree. Schon als Junghengst lobte man seine treue Leistungsbereitschaft und die ihm eigene Springveranlagung. Oberst Fellgiebel, der ein sicheres Gespür für hochveranlagte Pferde besaß, suchte sich seinerzeit den Anglo-Araber für die schweren Jagden von Janow-Podlaski aus. Fellgiebel war Leiter des damals bedeutendsten Araber-Hauptgestütes in Polen. Seine Wahl fiel unter den 180 Hengsten des Gestütes gerade auf diesen Schimmel — und er wußte warum. Später hat dann Brinckmann den Hengst in Springprüfungen herausgebracht und bescheinigte ihm eine hohe Veranlagung.

1948 kam Ramzes x von Polen nach Deutschland. Baron Clemens von Nagel holte sich den Schimmel für sein Gestüt Vornholz — und das sollte Folgen haben.

Ramzes x deckte zunächst zwei Jahre bei von Nagel in Westfalen, stieß aber auf wenig Resonanz, denn man hatte damals andere Sachen im Kopf, als ausgerechnet Reitpferde zu züchten. Da der Baron von je her gute Beziehungen nach Holstein besaß, verpachtete er den Rittersporn xx-Sohn an den dortigen Pferdezuchtverband. Ramzes x wurde in Elb-Nähe

RAMZES x

Geboren:	1937 in Polen
Lebens-Nr.:	080402837
Züchter:	Maria Gräfin Plater-Zyberk, Wojcieskow
Farbe:	Schimmel
Abzeichen:	keine

auf der Station Neuendorf im Kreis Steinburg aufgestellt. Heute existiert diese Station nicht mehr.

In Holstein erkannte man schon früh die Zeichen der Zeit. Es waren edle, blütige Hengste gesucht, die mit den tiefen, schweren Stuten aus der Marsch wohlproportionierte Pferde für

Rittersporn xx Sch.	Saint Saulge xx Sch.	Le Sancy xx	Atlantic xx
			Gem of Gems xx
		May Pole	Silvio xx
			Marry May xx
	Molly Clarke xx F.	St. Angelo xx	Galopin xx
			Agneta xx
		Lady Peggy xx	Hermit xx
			Belle Agnes xx
Jordi	Shagya x-3	Shagya x	Shagya VII
			Sheraky
		Amurath	Amurath ox
			Shagya
	Demeter	Bakszysz ox	Ilderim ox
			Parada ox
		Astarte	Amurath ox
			Dahoman

Hengstleistungsprüfung: keine
Maße: 166 cm Stockmaß
Gekört: 1948 in Ostenfelde

Berühmte Nachkommen:

Gekörte Söhne: Condus, Radetzky, Raimond, Ramm, Rapid, Rasputin, Raubritter, Rhenus, Rigoletto, Roderich, Römischer Prinz, Roman.
Töchter: 69 eingetragene Stuten
Staatsprämienstuten: 9
Hauptbuchstuten: 58
1982 war noch ein Ramzes x-Nachkomme im Sport.
Nachkommen-Gewinnsumme 1982: 297.000,-- DM
Ramzes x lieferte in Westfalen die bekannten Dressurpferde Remus und Mariano. In der Holsteiner Zucht lieferte er vorwiegend Springpferde, unter anderem Ramona und Romanus.

den Reitgebrauch liefern sollten. Deshalb setzte der Verband große Hoffnungen in Ramzes x. Aber er hatte es auch nicht leicht an der Elbe. Bis so ein holsteiner Dickschädel wahrhaben will, daß sein über Jahrzehnte bewährtes Zuchtziel nicht mehr gefragt ist — das dauert schon seine Zeit. Zwar war die Verbandsführung in diesem Punkt fortschrittlicher, aber was nützt es, wenn die Züchter draußen im Land nicht mitmachen?

1953 ging Ramzes x wieder nach Vornholz zurück. Fünf Jahre hat es dann noch gedauert, bis auch dem letzten Holsteiner das „Ramzes x-Licht" aufging und man die Rufe nach dem Anglo-Araber von der Elbe bis nach Westfalen hörte: 1959 und 1960 wurde Ramzes x wieder in Neuendorf aufgestellt.

Ramzes x lieferte der Holsteiner Zucht eine

Reihe überragender Springpferde und gründe- te eine eigene Hengstlinie. Vor allem über sei- nen Sohn Raimond hat diese Linie eine weite Verbreitung gefunden. Jüngstes Erfolgspro- dukt dieses Zweiges ist der Ronald-Sohn Ro- cadero, der Körungs-Sieger von 1982. Noch größer war die Ramzes x-Bedeutung für Hol- stein durch die hochklassigen Zuchtstuten.

Was Ramzes x in nur vierjähriger Zuchtbe- nutzung in Holstein an leistungsfähigen Pfer- den hinterließ, haben andere, viel stärker fre- quentierte Hengste in ihrer lebenslangen Decktätigkeit nicht geliefert. Zurecht bezeich- net ihn deshalb der Hippologe und Holstein- Kenner Graf Thun von Hohenstein als eines der wirklich großen Vatertiere in der Pferde- zucht.

Als Ramzes x nach seiner Holstein-Expedi- tion wieder nach Westfalen kam, war er 23 Jahre alt und hatte sich schon einen großen Namen gemacht. Sechs Jahre stand er noch im Gestüt Vornholz, hat dann später aber nicht mehr gedeckt und starb 29-jährig. Heute gibt es in Deutschland keine Warmblutrasse, in der sein Blut nicht fließt. Diese Tatsache kann getrost als einmalig bezeichnet werden, denn außer Ramzes x hat es bisher keinen Araber gegeben, der dieses Kunststück fertig- brachte.

Während Ramzes x in der Holsteiner Zucht als Springpferde-Vererber angesehen ist, war er in Westfalen beliebt wegen Lieferung hoch- veranlagter Dressurpferde. Zu den bekanntes- ten gehörten die beiden Schimmel Remus und Mariano. Ramzes x hat sich also — je nach Stutengrundlage — immer leistungsbe- tont durchgesetzt. Es hat selten einen Hengst gegeben, der über einen so hohen Grad von Individualpotenz verfügte. Der bedeutendste Ramzes x-Sohn in der westfälischen Zucht wurde der Schimmel Radetzky, der später ins Landgestüt ging und als einer der Stempel- hengste der modernen westfälischen Zucht gilt.

Im bayerischen Staatsgestüt Schwaiganger ist der Ramzes x-Enkel Rasso einer der gefrag- testen Beschäler. Im hessischen Landgestüt Dillenburg sind drei Radetzky-Söhne aufge- stellt. In der hannoverschen Zucht wirkt der Ramzes x-Sohn Römischer Prinz als Privat- hengst. Er steht im bekannten Gestüt Nein- dorf bei Olympia-Reiter Klaus Wagner. In Ol- denburg wurden 1982 zwei Ramiro-Söhne ge-

kört. Und selbst in der Trakehner Zucht hat der Anglo-Araber Spuren hinterlassen — aber nur sehr schmale Spuren. Sein Sohn Condus, selbst bis zu den Dressurlektionen der Klasse S ausgebildet, wurde leider viel zu früh nach Kanada abgegeben. Von ihm stehen zwar vier Söhne in der Zucht, aber es scheint sich keiner dieser Hengste auf lange Sicht durchsetzen zu können.

Durch die Beliebtheit der deutschen Zucht- produkte fließt Ramzes x-Blut nicht nur von Bayern bis nach Holstein, sondern auch von Spanien bis nach Finnland. Seine Nachkom- men stehen in allen fünf Kontinenten und sind lebender Beweis für die These: Ramzes x war ein Vererber von internationalem Format. Ein Hengst, der Zuchtgeschichte geschrieben hat.

Romadour II

Eine Bereicherung für jede Warmblutzucht
(Rheinland/Westfalen)

Er gehörte zu den wenigen Hengsten, die man in jeder Warmblutzucht einsetzen könnte: Ein Hengst, der immer modern war, immer gefragt und jede Zucht verbessern konnte. Romadour II war in jeder Beziehung vorbildlich: Erscheinungsbild — Eigenleistung — Vererbung. Seit Jahren schon konnte er die Nachfrage aus der Züchterschaft nicht mehr befriedigen. Und weil er erst 14 Jahre alt war und schon zu den begehrtesten Deckhengsten der Bundesrepublik gehörte, hätte sich das in den nächsten Jahren auch nicht geändert. Doch Romadour II lebt nicht mehr. Der Hengst starb überraschend Anfang Juli 1983.

Seit Beginn seiner Zuchtlaufbahn war Romadour II auf der Deckstelle Heidhausen im Rheinland stationiert. Schon längst waren es nicht nur mehr die rheinischen Züchter, die

seinen Stempel wollten. Das Landgestüt Warendorf verfügt über Tiefgefriersperma des Hengstes und exportiert seine Qualitäten in die ganze Bundesrepublik, nach Europa und sogar nach Übersee. Trotz seiner überregionalen Bedeutung nahm Romadour II seinen größten Einfluß auf die junge rheinische Warmblutzucht. Zurecht sind die rheinischen Züchter stolz auf diesen — ihren — Hengst, der ihre Zucht in jüngster Zeit am stärksten prägte.

Romadour II war ein Hengst, wie ihn jede Reitpferdezucht braucht, ein Hengst, der es jedem Fehlergucker schwer macht. Durch seine Aufmachung, seinen Typ und seine Bedeutung wußte er den Züchter für sich zu gewinnen. Dieser Hengst könnte auf jede Stute passen. Kaum ein Exterieurmerkmal, das dieser

ROMADOUR II

Geboren:	1969 in Westfalen
Lebens-Nr.:	410184869
Züchter:	Otto Adam, Bad Sassendorf
Farbe:	Dunkelbraun
Abzeichen:	Stichh.; i. bd. Nüst. ausl. hoch reich. Schnippe; bd. Vf. unr. w., bd. Hf. unr. w.

Hengst nicht verbessern würde. Seine Grundgangarten waren vorzüglich, seine Reitpferdepoints bestechlich. Seine Formation von Hals, Schulter, Sattellage und Kruppe laden den Reiter zum Aufsitzen ein.

Romadour II hat unterm Sattel gehalten, was er im Erscheinungsbild versprach. 1973 gewann er die Hengstleistungsprüfung nach dem Warendorfer Modell. Auf der DLG-Ausstellung 1976 in München wurde der Dunkelbraune strahlender Bundessieger. Mehrmals brillierte er in den Schauvorführungen auch unter dem Sattel. Fachleute sahen in ihm den attraktivsten DLG-Siegerhengst vergangener Jahrzehnte.

Die Verbindung von alter hannoverscher-westfälischer Linienkombination mit einem Schuß arabischen Blutes über Ramzes x hatte mehrmals Erfolg. Über seinen Bruder gleichen Namens ist Romadour II eng verwandt mit Gerd Wiltfangs Weltmeisterschaftspferd Roman. Roman gehört schon seit Jahren zu den besten und erfolgreichsten Springpferden der Welt. Durch eine Reihe von jungen Nachwuchsbeschälern dieser Linie ist schon jetzt der Fortbestand dieses wertvollen Blutes im Landgestüt Warendorf gesichert.

Pedigree:

- **Romulus I Ldb.**
  - Remus I Ldb.
    - Radetzky Ldb
      - Ramzes Pr. H.
      - Malta
    - St.Pr.St. Fidelia
      - Friedländer Ldb.
      - St.Pr.St. Feta
  - St.Pr.St. Fabriana
    - Fabriano Ldb.
      - Fafner II
      - Abalata Hann. S.
    - St.Pr.St. Maritta
      - Markulf od. Altgold
      - Helferin
- **St.Pr.St. Gunda**
  - Grünfink Ldb.
    - Grünspecht Ldb.
      - Gründer Ldb.
      - St.Pr.St. Alpenrose
    - Almuth
      - Almhüter Ldb.
      - Schelle
  - St.Pr.St. Dorette
    - Dorn Ldb.
      - Dwinger
      - Falbra
    - St.Pr.St. Abendfee
      - Abendsegen Ldb.
      - Feodora

Hengstleistungsprüfung: 1973 in Warendorf
Maße: 169/181/21,4
Gekört: 1971 in Münster

Gekörte Söhne: Rarität, Rheingold, Rheinprinz, Romadan, Romanow I, Romanow II, Romiro, Rokoko, Rosenkavalier, Rosseau.
Töchter: 110 eingetragene Stuten
Staatsprämienstuten: 22
Hauptbuchstuten: 92, davon zahlreiche DLG-Austellungsstuten.
1982 waren 98 Romadour II-Nachkommen im Sport. Davon gewannen 13 Pferde mehr als 1.000 Mark.
Nachkommen-Gewinnsumme 1982: 162.300,-- DM

Sender

Bedeutender Sproß einer bedeutenden Linie
(Hannover)

Der noble Fuchshengst Semper Idem hatte hinter Abglanz den größten Trakehner-Einfluß auf die hannoversche Zucht. Bevor er 1946 nach Celle kam, war er Hauptbeschäler in Trakehnen. Von seinen gekörten Söhnen hat sich der rahmige Fuchs Senator am besten vererbt. Ihm wurden bereits vor der Hengstleistungsprüfung einige ausgewählte Stuten zugeführt. Der Erfolg war sensationell: 1955 wurden sieben Hengstfohlen von Senator geboren — sechs von ihnen wurden Landbeschäler!

Unter diesen sechs gekörten Hengsten war auch Sender, der später bedeutendste Senator-Sohn. Sender war Spitzenhengst der Verdener Körung und legte ein Jahr später eine erstklassige Hengstleistungsprüfung ab: Er plazierte sich in Westercelle an zweiter Stelle von 21 Teilnehmern.

Sender war ein großer mit viel Ausdruck ausgestatteter Hengst und ein typischer Vertreter der Semper Idem-Linie. Wie fast alle Nachkommen aus diesem Stamm trug er die Fuchsfarbe und war ausgestattet mit der Noblesse und der Bedeutung eines großen Vererbers. Seine größten Pluspunkte lagen in der schönen schrägen Schulter und dem gut markierten Widerrist, der lang in den Rücken verlief. In der Hinterrippe war er immer etwas hochgezogen, stand daher über wenig Boden. Seine Bewegungen waren ausgezeichnet und sehr raumgreifend.

Sender deckte zunächst bis 1965 in Drochtersen, wo er zum Teil weit überdurchschnittli-

SENDER

Geboren:	1955 in Niedersachsen
Lebens-Nr.:	310398355
Züchter:	Werner Thalmann, W. E. Altenbruch, Kr. Land Hadeln
Farbe:	Fuchs
Abzeichen:	l. Vf., r. Vbln. u. Kr. gefl. w,; bd. Hf. w.

ches Zuchtmaterial hinterließ. Aus dieser Zeit stammen auch seine drei Töchter Sennermädel, Sendernorne und Senotita, die als Nachzuchtsammlung auf der DLG-Ausstellung 1966 in Frankfurt einen Ia-Preis erhielten. Nach einem kurzen Zwischenspiel auf der Station Nesse deckte Sender sieben Jahre in Waldhöfe. Er vererbte die typischen Merkmale

		Dampfroß	Dingo
			Laura
	Semper idem (Trak.)		
		Semendria	Parsival
			Sultanine
Senator		Alljeder	Abendsport
			Alber
	St.Pr.St. Allerweltskleid H		
		Dolmade	Dolman
			Summa
	Abendsport	Alkoven	Alderman I
			Costane H
		Stiefmutter	Sportsmann
			Jeminda H
St.Pr.St. Abendkleid H			
		Goldring II	Goldschläger I
			Nestigode
	Golfkleid H	Fobuza	Feiner Kerl
			Dakoza H

Hengstleistungsprüfung: 1958 in Westercelle
Maße: 161/191/21,4
Gekört: 1957 in Verden

Berühmte Nachkommen:

Gekörte Söhne: Saloniki, Salut, Securius, Seelöwe, Sekt, Senator, Senegal, Sendbote, Senussi, Söldner I, Söldner II, September, Serbe, Sultan und 12 weitere gekörte Söhne.
Töchter: 271 eingetragene Stuten
Staatsprämienstuten: 39
Hauptbuchstuten: 223, davon mehrere DLG-Ausstellungsstuten.
1982 waren 70 Sender-Nachkommen im Sport. Davon gewannen 13 Pferde mehr als 1.000 Mark.
Nachkommen-Gewinnsumme 1982: 646.100,-- DM
Gewinnreichster Sender-Nachkomme 1982: Sarto - brauner hannoverscher Wallach im Besitz von R. S. Sudenhof - 17.700,-- Mark in Springprüfungen.

der Semper Idem-Linie, deren Nachkommen sich vor allem durch Härte und Leistungswillen auszeichnen. Neben dem guten Stutenmaterial, das er lieferte, wurden 26 seiner Söhne gekört.
Seine Beschälerlaufbahn beendete Sender auf der renommierten Station Beedenbostel im Bezirk Lüneburg, wo er von 1974 bis zu seinem Tod 1978 deckte. Sender war zeit seines Lebens ein gefragter Vererber. Er war gleich gut in der Lieferung von Zuchtmaterial und Tunierpferden. Eine ungewöhnlich hohe Anzahl seiner Nachkommen fand den Weg in den Leistungssport und brachte dem Vater 1982 in der Gewinnsummen-Statistik auf den siebenten Rang aller Sportpferdevererber in der Bundesrepublik — und das sind über 2000.

Star Appeal xx

Das deutsche Galopp-Wunder (Vollblut)

Der Prix de l' Arc de Triomph ist eines der hochdotiertesten Galopprennen der Welt. Es sind aber nicht nur die 930.000 Mark Siegprämie, die die Starter aus allen Ländern der Erde nach Paris locken, sondern es ist vor allem die Ehre, in diesem Superrennen zu starten. Für manchen Besitzer ist ein Start in Paris viel wichtiger als ein Sieg in einem Rennen im Heimatland.

Seit der Gründung dieser Prüfung 1920 ist nur ganz wenigen deutschen Vollblütern die Ehre zuteil geworden, auf dem Rasen von Longchamp starten zu dürfen und einem einzigen ist es erst gelungen, dieses Rennen zu gewinnen: Star Appeal. Der 5. Oktober des Jahres 1975 ist in die Geschichte des Deutschen Galopprennsports eingegangen.

Dabei ist Star Appeal xx nur bedingt ein deutsches Pferd. Er wurde geboren im irischen Gestüt Baronrath. Baronrath ist eine Filiale des großen deutschen Vollblutgestüts Röttgen. Bevor der Hengst dreijährig nach Deutschland kam, bestritt er bereits elf Rennen auf irischem Boden. Star Appeal xx kam nach Deutschland, weil die Gestütsleitung wissen wollte, wie der Hengst im deutschen Galopperfeld bestehen würde.

Sein erster Start war Baden-Baden. Noch vor dem Rennen wechselte der Hengst überraschend den Besitzer. Für 60.000 Mark erwarb ihn der Stall Moritzberg — telefonisch. Wenige Stunden später gewann Star Appeal xx den Preis der Stadt Baden-Baden und Waldemar Zeitelhack vom Stall Moritzberg hatte das

STAR APPEAL xx

Geboren:	1970 in Irland
Lebens-Nr.:	—
Züchter:	Gestüt Röttgen, Baron- rath
Farbe:	Dunkelbraun
Abzeichen:	St., r. Hfs. w.
Maße:	163 cm Stockmaß

Pferde-Geschäft seines Lebens gemacht.

Star Appeal xx wurde das erfolgreichste deutsche Rennpferd aller Zeiten. Er gewann 1975 die Europameisterschaft der Rennpferde, wurde zum ,,Europa Champion'' gewählt und errang mit überwältigender Mehrheit den Titel ,,Galopper des Jahres''. Bei der Abstimmung der ARD-Sportschau bekam er fast die Hälfte der abgegebenen Stimmen.

Als Vierjähriger gewann er unter anderem den Großen Preis der Badischen Wirtschaft und wurde Vierter in den Champion Stakes

Appiani II	Herbager	Vandale II	Plassy
			Vanille
		Flagette	Escamillo
			Fidgette
	Angela Rucellai	Rockefella	Hyperion
			Rockfel
		Aristareta	Niccolo Dell'Arca
			Acquaforte
Sterna	Neckar	Ticino	Athanasius
			Terra
		Nixe	Arjaman
			Nanon
	Stammesart	Alchimist	Herold
			Aversion
		Stammesfahne	Flamboyant
			Selika

Rennleistung

Zweijährig - 5 Starts: 2 Siege, 2 Mal Dritter. Dreijährig - 9 Starts: 3 Siege, 1 Mal Zweiter, 3 Mal Dritter. Vierjährig - 14 Starts: 2 Siege, 2 Mal Zweiter, 1 Mal Dritter, 2 Mal Vierter. Fünfjährig - 11 Starts: 4 Siege, 1 Mal Zweiter, 2 Mal Dritter, 2 Mal Vierter.

U. a. Sieger im ''Preis von Baden-Baden'' (1973). ''Großer Preis der Badischen Wirtschaft '' (1974), ''Grand Premio die Milano'' (1975), ''Prix de l Arc de Triomphe'' (1975).

Gesamtgewinnsumme: 1.537.836,-- DM Höchstes Generalsausgleichsgewicht: 110 kg

von Newmarket, das neben dem Prix de l' Arc de Triomph das größte Rennen Europas ist. 1975 wurde dann sein erfolgreichstes Jahr. Er gewann allein drei Rennen der Gruppe 1. Zwischen seinen Siegen von Mailand und Paris gewann er im Juli die Benson and Hedges Eclipse Stakes im Sandown-Park/Großbritannien. Auch mit diesem Erfolg hat er sich einen Platz in den Geschichtsbüchern des Rennsports gesichert, denn er war das erste in Deutschland trainierte Pferd, das seit 125 Jahren wieder Sieger in einem der großen Rennen im Mutterland des Vollbluts wurde.

1976 ging Star Appeal in die Zucht. Kein anderes deutsches Rennpferd konnte bis dahin auf eine solche Karriere zurückblicken. Über 1,5 Millionen Mark gewann dieser Hengst in vier Renn-Saisons auf den Bahnen von England, Irland, Deutschland, Italien und Amerika. Wie hoch die Leistungen dieses Hengstes international eingeschätzt wurden, zeigt die hohe Bewertung im deutschen Generalausgleich. 1976 erreichte er die Marke 110, die nur durch den russischen Hengst Anilin übertroffen wurde (111), der dreimal den Großen Preis von Europa gewann. Kein anderes Pferd sonst konnte nach dem Zweiten Weltkrieg diese Marke überbieten.

1976 wurde Star Appeal an das englische Staatsgestüt Newmarket verpachtet. Das war die größte Auszeichnung für den Stall Moritzberg und die gesamte deutsche Vollblutzucht. In Newmarket beziehen nur die besten Vollbluthengste eine Beschälerbox. Zeitelhack hatte Millionen-Angebote aus aller Welt für den Braunen. Aber er verkaufte nicht. Für ihn war es der größte Erfolg, seinen Hengst in Newmarket zu wissen. Star Appeal steht noch heute in Newmarket und für 15.000 Mark kann man seine Stute in die Deckliste eintragen lassen.

Mittlerweile laufen die Nachkommen von Star Appeal in aller Welt und sind auf dem besten Weg, dem Namen des Vaters alle Ehre zu machen. Schon 1979 lief sein Sohn Starway mehrfach plaziert in britischen Gruppenrennen. Noch erfolgreicher war dessen Halbbruder Go Leasing, der 1981 die gleichen Rennen sogar siegreich beenden konnte. Mit Pythagoras in Italien und Star in Ungarn stellte Star Appeal ebenfalls siegreiche Rennpferde. Der Hengst Sappeur wurde 1980 Zweiter im Norwegischen Galoppderby. Im selben Jahr war der Star Appeal-Sohn Dragons Head siegreich im Trafalgar Hours-Handicap.

Nicht nur in Europa, auch in Übersee gelang es mehreren Nachkommen dieses Ausnahmehengstes, sich in die Siegerlisten einzutragen. So beispielsweise Applaud in Australien, Gentle Appeal in Brasilien und Miss Nat in Trinidad. Als fünffacher Sieger ging Que Appeal aus amerikanischen Rennen hervor. Den wohl schönsten Erfolg aller Star Appeal-Nachkommen errang die Stute Madame Gay mit einem Sieg im Preis der Diana, Paris 1981, dem höchstdotierten Stutenrennen in Europa.

Der Einlauf beim Prix de l'Arc de Triomphe 1955: Star Appeal mit Längen vorn.

Im Absattelring in Longchamp nach dem Rennen Prix de l'Arc de Triomphe — 5.10.1975
Star Appeal und Jockey Greville Starkey.

Thor

Der hessische Trakehner
(Trakehner/Hessen)

Jede Landespferdezucht hatte nach dem Krieg ihren Veredler. Das hessische Landgestüt Dillenburg nahm Anfang der sechziger Jahre die ersten Trakehner Hengste in den Bestand auf. Unter ihnen war auch der dunkelbraune Thor. Wenn in der hessischen Landespferdezucht eine Reihe von Trakehnern sehr Gutes geleistet hat — keiner von ihnen erreichte die Bedeutung von Thor. Zurecht sind die Hessen stolz auf diesen Hengst, der maßgeblich beteiligt war an den Anfangserfolgen ihrer nunmehr 25-jährigen Sportpferdezucht.

Bereits als Dreijähriger wurde der Hengst vom hessischen Staat erworben. Er hatte einen guten männlichen Ausdruck, war vielleicht etwas schlicht im Ganzen aber doch mit deutlichen Points: Wunderbar in der Oberlinie mit gut gemachtem Hals, schräger, breiter Schulter und kräftig bemuskelter Kruppe. Der Gang war sehr gut, der Schritt sogar ausgezeichnet.

Thor wirkte 13 Jahre als Landbeschäler auf sechs verschiedenen Stationen in Hessen. Im zunehmenden Alter wurde er immer beliebter, denn seine Kinder waren ausgesprochen ehrlich, verläßlich und springtalentiert. Thor selbst war zeitlebens in der Landes-Reit- und Fahrschule im Hessischen Landgestüt eingesetzt. Hervorragend eignete sich Thor als Jagd- und Springpferd, vor allem aufgrund seiner Ausdauer und Härte. Das hat er von seinem Vater Humboldt geerbt.

Die interessante Blutkombination der bei-

THOR

Geboren:	1959 in Bremen
Lebens-Nr.:	090022359
Züchter:	Alfred Lingnau, Bremen-Tenever
Farbe:	Dunkelbraun
Abzeichen:	keine
Maße:	162/184/21,3
Gekört:	1961 in Neumünster

den Stempelhengste Humboldt und Totilas erwies sich als züchterischer Volltreffer: Ein Jahr nach Thor wurde bei Alfred Lingnau in Bremen sein Bruder Heros geboren. Dieser DLG-Siegerhengst wurde vor allem bekannt durch seinen Sohn Ultimo, dem erfolgreichsten Trakehner Sportpferd nach dem Krieg. Thor und Heros sind Halbbrüder zu Impuls — der Name Humboldt ist nicht wegzudenken aus den Pedigrees der Trakehner Erfolgspferde.

In der hessischen Zucht hatte Thor eine größere Bedeutung als in der Trakehner Zucht. Sein hervorragender Charakter, sein ausgeglichenes Temperament und seine nie erlahmende Arbeitsbereitschaft waren die Grundlage

Humboldt Db.	Hutten R.	Ararad R.	Jagdheld	v. Perfectionist xx
			Ara	v. Polarsturm
		Hulluch R.	Polarsturm	v. Optimus
			Hausnymphe	v. Ingrim
	Bergamotte F.	Paradox xx F.	Christ. de Wet xx	v. Gallinule xx
			Princ. Cherry xx	v. Red Prince II xx
		Beate F.	Blanc Bec xx	v. Gemba xx
			Chansonette	v. Nachtwandler x
Toga Db.	Totilas Db.	Pythagoras Db.	Dampfroß	v. Dingo
			Pechmarie	v. Tempelhüter
		Tontaube B.	Pilger	v. Luftgott
			Tonart	v. Löwenjäger
	Sabine Db.	Manfred Db.	Metriol	—
			Tamiza	v. Tripolis
		Stute	Infant	v. Insurgent
			Feldgraue	v. Omar xx

Hengstleistungsprüfung: 1964 in Dillenburg
Schritt: ausgezeichnet, Trab: sehr gut, Stil und Temperament: gut, Konstitution: ausgezeichnet, Gesamturteil: Ziemlich gut.

Berühmte Nachkommen:

Gekörte Söhne: Fiothor, Hagedorn II, Mandant, Tango, Titus.
Töchter: 114 eingetragene Stuten
Staatsprämienstuten: 4
Hauptbuchstuten: 100
1982 waren 55 Thor-Nachkommen im Sport. Davon gewannen 10 Pferde mehr als 1.000 Mark.
Nachkommen-Gewinnsumme 1982: 290.000,-- DM

seiner Beliebtheit. In züchterischer Hinsicht wird die Vererbung der Interieureigenschaften des Trakehners noch lange günstige Auswirkungen auf die hessische Reitpferdezucht haben.

Im Alter von 15 Jahren ist Thor 1974 an Darmverschlingung eingegangen — viel zu früh. Es wäre sicherlich wünschenswert gewesen, wäre dieser Hengst auch in der Trakehner Zucht stärker zum Zuge gekommen. Um dieses wertvolle Blut zu erhalten, steht den Trakehner Züchtern nur noch der Fuchs Mandant zur Verfügung — im Landgestüt Dillenburg.

Totilas

Noch nach Generationen zu erkennen (Trakehner)

Totilas ist der wertvollste Sohn seines legendären Vaters Pythagoras. In der Trakehner Zucht nach dem Krieg hat sich kein anderer Hengst über Generationen hinweg so typtreu und durchschlagend vererbt. In den Pedigrees der jüngeren Hengste taucht sein Name mittlerweile erst in vierter oder fünfter Generation auf. Aber keiner von ihnen kann in seiner Typklarheit diesen Original-Trakehner leugnen.

Bevor Totilas 1945 den Westen erreichte, wirkte er drei Jahre als Landbeschäler in Georgenburg. Er hatte das Zeug für einen Hauptbeschäler in Trakehnen — aber dazu sollte es nicht mehr kommen. Seinen ersten Hafer in neuer Heimat verdiente sich der Flüchtling in Osnabrück, ebenfalls als Landbeschäler. 1949

kam Totilas in das Trakehner Verbandsgestüt Rantzau im Kreis Plön. Hier traf er auf eine erstklassige Stutengrundlage: Gerettete Stuten aus dem ehemaligen Hauptgestüt Trakehnen.

Aus seiner Rantzauer Zeit stammen auch seine fünf gekörten Söhne. Aber über diesen Totilas-Söhnen lag ein unglückliches Züchter-Schicksal: Polarkreis, Handelsherr und Prusso wurden ins Ausland verkauft. Tambour und Polarfürst sind frühzeitig eingegangen. Als besonders großer Verlust galt der Tod von Polarfürst, der dreijährig an Darmverschlingung starb. Polarfürst hatte Hauptbeschälerqualitäten und erwies sich in jeder Beziehung als ein Hengst von überdurchschnittlichem Format.

TOTILAS

Geboren:	1938 in Trakehnen
Lebens-Nr.:	090022438
Züchter:	Hauptgestüt Trakehnen/ Ostpreußen
Farbe:	Dunkelbraun
Abzeichen:	keine

Heute steht die Hengstlinie von Totilas auf schmalen Füßen. Hexer, Harnisch und Tizian sind die letzten männlichen Nachkommen in der Trakehner Zucht.

Nach fünfjähriger Tätigkeit in Rantzau wechselte Totilas nach Schmoel. In diesem renommierten Gestüt traf er ebenfalls auf Stuten des Hauptgestüts. Was die Totilas-Söhne nicht schafften — seinen Töchtern ist es gelungen: Sie machten ihren Vater zum bedeutendsten Gründerhengst der Trakehner Zucht nach dem Krieg.

Pythagoras	Dampfroß	Dingo	Tresor	v. Solid
			Stute	v. Discant
		Laura	Passvan	v. Flügel
			Stute	v. Petricola
	Pechmarie	Tempelhüter	Perfectionist xx	v. Persimmon xx
			Teichrose	v. Jenissei
		Panik	Red Prince II xx	v. Kendal xx
			Palmelfe	v. Elfenbein
Tontaube	Pilger	Luftgott	Coronel	v. Mons. Gabriel xx
			Lacrima	v. Autograph
		Palasthüterin	Tempelhüter	v. Perfectionist xx
			Piratenmutter	v. Shilfa xx
	Tonart	Löwenjäger	Löwe	v. Markeur
			Else	v. Scävola
		Tonleiter	Tempelhüter	v. Perfectionist xx
			Tugendkönigin	v. Parsee xx

Hengstleistungsprüfung: keine
Maße: 163/201/21,0
Gekört: 1941 in Ostpreußen

Berühmte Nachkommen:

Gekörte Söhne: Handelsherr, Polarfürst, Polarkreis, Prusso, Tambour.
Töchter: 83 eingetragene Stuten
Hauptbuchstuten: 76, davon 4 DLG-Ausstellungsstuten.
1982 waren keine Totilas-Nachkommen mehr im Sport.
Nachkommen-Gewinnsumme: 95.000,-- DM

83 Töchter sind in das Trakehner Stutbuch eingetragen. 15 von ihnen wurden Hengstmütter, manche sogar mehrfach (Herbstgold, Schwalbe, Toga, Tip-Top). Viele der gekörten Söhne aus Totilas-Töchtern erwiesen sich als durchschlagende Vererber. Zu erwähnen sind hier vor allem die Hengste Herzbube, Herbststurm, Flugsand, Schabernack, Thor und Heros.

Die Totilas Nachkommen sind durchweg sehr typvoll und meistens schon am Kopf als solche zu erkennen. Fast alle haben sie die schöne Oberlinie und das korrekte Fundament des Vaters geerbt. Auch die ihm eigene Härte hat ihnen der Vater mitgegeben. Totilas war sehr hengstig im Temperament und zeigte bis ins hohe Lebensalter viel Energie. Im gesegneten Alter von 27 Jahren mußte er wegen Altersschwäche getötet werden.

Vördur frá Kyrholti

Der beste Tölter Europas
(Island-Pony)

Das Island-Pony gilt als langlebig, robust und fruchtbar. Es verfügt neben Schritt, Trab und Galopp über zwei weitere Grundgangarten: Der Tölt und der Pass sind Rassemerkmale und ein Kriterium der Zuchtwertschätzung.

Der Rapphengst Vördur frá Kyrholti wurde 1970 der beste Hengst bei der 1. Europameisterschaft der Islandpferde. Er ist ein Isländer aus dem Bilderbuch, ein typischer Vertreter seiner Rasse. Sehr schön in der Aufmachung mit gutem Hengstausdruck. Gut in der Oberlinie mit knappem Widerrist. Das Fundament ist ausgesprochen stark, die Gelenke breit und trocken genug. Vördur gilt als der erfolgreichste Isländer-Hengst in Deutschland. Er wurde — wie sollte es anders sein — in Island gezogen und als sechsjähriger Hengst

nach Deutschland importiert. Seit 16 Jahren ist er Deckhengst auf dem Gestüt Aegidienberg im Siebengebirge.

Seine Erfolge können sich sehen lassen: Bereits 1966 errang er den ersten Preis beim Landestreffen in Island. Viermal wurde er mit der Silbernen Zuchtmedaille der Deutschen Reiterlichen Vereinigung ausgezeichnet. 1969 belegte er den ersten Platz in der Gesamtwertung der Deutschen Töltmeisterschaften. 1975 bekam er den Ehrenpreis des Landwirtschaftsministers von Nordrhein-Westfalen. 1970 war er -wie gesagt- bester Hengst bei den 1.Europameisterschaften für Islandpferde.

Vördur gilt in der Deutschen Zucht als durchschlagender Vererber von unbestrittener Bedeutung. Als mehrfacher Hengstvater hat

VÖRDUR FRA KYRHOLTI

Geboren: 1961 in Island
Lebens-Nr.: 444013361
Züchter: Ulrich Marth, Island
Farbe: Rappe
Abzeichen: keine

er eine Hengst-Linie begründet und für den Sport hat er so viel Isländer geliefert wie kein anderer vor ihm. Zu seinen besten Söhnen gehört der dunkelbraune Hakon, der auch im Sport erfolgreich eingesetzt wurde. Von 1977 bis 1979 bestritt er nationale und internationale Turniere und Distanzrennen. Zweimal war

Vater:		
	Brúnn frá Sydri-Brekkum	Brúnn frá Axlarhaga
		Perla frá Kolkósi
Hördur frá Kolkósi		Lettir frá Kolkósi
	Una frá Kolkósi	Kolbrún frá Kolkósi
Mutter:		
	Nökkvi frá Hólmi	Skuggi frá Bjarnanesi
		Raudka frá Holmi
Jörp frá Kýrholti		Hreinn frá Pvera
	Raudka frá Kýrholti	Sota frá Kýrholti

Hengstleistungs-
prüfung: keine
Maße: 137,5/168/
18,5
Gekört: 1968 in
Krefeld

Berühmte Nachkommen:

Gekörte Söhne: Baldur, Boko, Glami, Gloi, Hakon, Hördur, Hrafn, Leiftri, Noerr, Rökkvi, Sleipnir, Soti, Topar, Tröll, Valur, Vasco, Vikinger, Vikur, Vindur, Vitus.
Töchter: 283 eingetragene Stuten
Hauptbuchstuten: 220, davon 7 DLG-Ausstellungsstuten.

er schnellster deutscher Tölter und bei den Europameisterschaften gewann Hakon den Zuchtpreis für das beste auf dem Kontinent gezogene Islandpferd.

Vördur hat auf bundesdeutschen Zuchtschauen die meisten prämierten Nachkommen. Selbst bei Stuten mit starker Trabveranlagung vererbt er durchweg guten Tölt. Sein Sohn Sleipnir war der erfolgreichste Isländer auf der Europameisterschaft in Dänemark. Die Vördur-Tochter Pandra nahm zweimal erfolgreich an den Europameisterschaften teil.

Der große Zuchtfortschritt der deutschen Island-Pony-Zucht ist in erster Linie diesem Hengst zuzuschreiben. Mit seinen fast 300 eingetragenen Töchtern und über 20 gekörten Söhnen ist die Erhaltung des wertvollen Vördur-Blutes in Deutschland gesichert.

Vollkorn xx

Der Buschpferdemacher
(Vollblut / Oldenburg)

Es gibt Springpferde-Vererber und es gibt Dressurpferde-Vererber. Aber die erfolgreichen Vererber im Vielseitigkeitssport kann man an einer Hand abzählen. Die spärlichen Gewinnsummen in dieser Reitsportdisziplin lassen die Väter von erfolgreichen Buschpferden in den Hintergrund treten. Einen erstklassigen Ruf bei den Vielseitigkeitsreitern genießt der Ravensberger Vollkorn xx. Er stellte 1982 die gewinnreichsten Nachkommen im Vielseitigkeitssport.

Sein berühmtester Sohn ist der imponierende Volturno — ein Ausnahmehengst in Zucht und Sport. 1972 war er Siegerhengst der Oldenburger Körung und wurde mit der Ia-Hauptprämie ausgezeichnet. Er war dann unter Otto Ammermann ein erfolgreiches Vielsei-

tigkeitspferd und gewann 1980 die deutsche Meisterschaft. Heute steht der Hengst in der Zucht und ist einer der gefragtesten Vererber im Oldenburger Land.

Aber auch in den Kreisen der Dressurreiter ist der Name Vollkorn xx untrennbar mit Qualität verbunden. 1982 war er noch vor dem Weltmeister-Vater Angelo xx der zweitbeste Dressurpferdevererber unter den Vollblütern. Die Vollkorn xx-Kinder gelten als hochveranlagte Reitpferde — leichtrittig, leistungsfähig und leistungsbereit. Was will der Reiter mehr?

Vollkorn xx verließ die Rennbahn mit einem eher mittelmäßigen Generalausgleich von 86,5 Kilo. Der bekannte Pferdezüchter Hans-Hugo Woltmann aus Querenstede war der erste, den Dunkelbraunen zur Zucht benutzte. Vor

VOLLKORN xx

Geboren: 1961 in Westfalen
Lebens-Nr.: 060042061
Züchter: Gestüt Ravensberg, Bielefeld
Farbe: Dunkelbraun
Abzeichen: Fl.

allem seine erstklassige Abstammung veranlaßte zu großen Hoffnungen. Väterlicherseits über Neckar xx/Ticino xx leistungsbetont gezogen, stammt er aus derselben Stutenfamilie wie die bekannten Ravensberger Vierzehnender xx und Venator xx.

1966 wechselte Vollkorn xx auf die Privathengststation Esenshamer Oberdeich, wo er bis zu seinem Tod im Januar 1982 gewirkt hat. Vollkorn xx hat auch züchterisch Bedeutendes geleistet. Er gehört zu den federführenden Hengsten der modernen Oldenburger Zuchtgeschichte. 143 seiner Töchter wurden bisher

		Athanasius xx
	Ticino xx	Terra xx
Neckar xx		Arjaman xx
	Nixe xx	Nanon xx
		Aventin xx
	Ansitz xx	Austria xx
Vogelwarte xx		Widerhall xx
	Vogelweide xx	Vockerode xx

Rennleistung:
GAG
86,5 kg
Maße: 169/179/—
Gekört: 1966 in Oldenburg

Gekörte Söhne: Vagabund, Vasall, Viktor, Vital, Vivaldi, Volaro, Vollkern, Volltreffer, Volturno.
Töchter: 143 eingetragene Stuten
Staatsprämienstuten: 32
Hauptbuchstuten: 103
1982 waren 138 Vollkorn xx-Nachkommen im Sport. Davon gewannen 24 Pferde mehr als 1.000 Mark.
Nachkommen-Gewinnsumme 1982: 367.200,-- DM
Bekanntester Vollkorn xx-Sohn: Volturno - Oldenburger Hengst, unter Otto Ammermann 1980 Deutscher Vielseitigkeitsmeister.

ins Stutbuch eingetragen, von denen 32 eine Staatsprämie und 22 eine Verbandsprämie erhielten. 1970 stellte er die Reservesiegerstute, 1971 und 1975 jeweils die Siegerstute in Oldenburg. Auf der Schau der Besten 1975 erhielt er mit seiner Nachzucht den Ib- und Reservesiegerpreis.

Mit zunehmendem Alter wurde der Hengst immer gefragter. Er deckte hannoversche, westfälische und Trakehner Stuten. Für die Oldenburger Zucht aber war der Tod des 20-jährigen Beschälers der größte Verlust. Gerne hätte man diesen außergewöhnlichen Hengst länger in der Zucht behalten. Ein Jahr nach seinem Tod zählt Vollkorn xx mit einer Nachkommen-Gewinnsumme von 367 000 Mark zu den sieben erfolgreichsten Vollblütern, die nach dem Krieg in der Deutschen Reitpferdezucht eingesetzt wurden.

Wendekreis

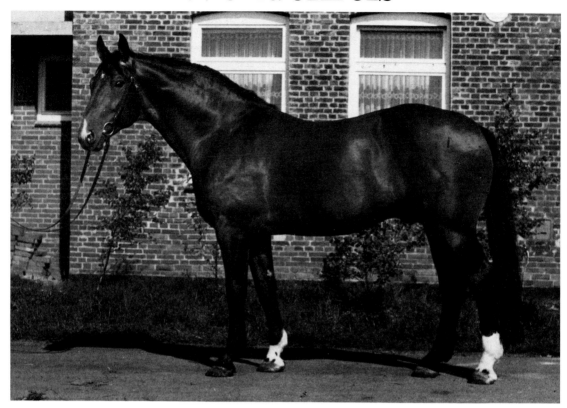

Nicht besonders schön — aber wertvoll (Hannover)

Der junge Wendekreis durfte seine Beschälerlaufbahn auf einer der züchterisch bedeutendsten Deckstationen Hannovers beginnen. Er hatte ein leichtes Erbe anzutreten, als er 1971 in Baljerdorf ausgeladen wurde. Vor ihm hatten an dieser Stelle bereits sein Vater Ferdinand und der Vollblüter Marcio xx Zuchtgeschichte geschrieben. Der Ruf des Vaters eilte diesem Braunen schon voraus.

Aber gerade deshalb lautete die bange Frage, ob er das große züchterische Werk von Marcio xx und Ferdinand fortführen konnte. Das Blut dafür brachte er mit. Er empfahl sich nicht nur durch seinen Vater, sondern auch durch seine Mutter, eine Domspatz-Tochter, die mütterlicherseits über Faschist II sehr gutes Leistungsblut führt. Wendekreis ist nach dem Springpferdekonzept Ferdinand mal

Domspatz gezogen und seine Vererbung beweist das. Alle 18 Wendekreis-Nachkommen, die 1982 mehr als 1000 Mark verdienten, holten sich ihr Geld im Parcours. Das ist kein Zufall.

Im äußeren Erscheinungsbild verkörpert Wendekreis nicht gerade den Typ des modernen Hannoveraners. Er ist zwar groß und steht über viel Boden, aber im Ausdruck wirkt er eher gewöhnlich, ohne besondere Points. Seine Röhre ist kurz, seine Gelenke ausgeprägt, aber das Fundament läßt deutlich Trockenheit und Markanz vermissen. Sein Hals ist nicht besonders glücklich formiert, etwas tief angesetzt und im Rücken fehlt die nötige Straffheit. Imponierend aber ist seine groß angelegte Kruppenpartie.

WENDEKREIS

Geboren:	1967 in Niedersachsen
Lebens-Nr.:	310416967
Züchter:	Hans von der Decken, Deckenhausen, Kr. Stade
Farbe:	Braun
Abzeichen:	kl. St., Schnp. r. Vf., l. Hf. w.
Maße:	166/203/23,0
Gekört:	1969 in Verden

Wendekreis vererbt sich treu. Seine Nachkommen sind wohlproportioniert und lassen die erwünschte Dreiteilung von Vor-, Mittel- und Hinterhand erkennen, wobei die ideale Kruppe besonders ins Auge fällt. Er gibt seinen großen Rahmen und sein starkes Fundament mit — und das ist heute gefragt. Was allerdings weniger gefragt ist, Wendekreis aber auch vererbt, ist die etwas kurze, wenig ideale Halsung.

Wendekreis steht noch heute in Baljerdorf und die hannoverschen Züchter an der Niederelbe möchten ihn nicht missen. Er hat Großes geleistet in der Zucht. Kaum ein Hengst kann in so jungem Vererberalter eine so hohe An-

		Feinschnitt I	Feiner Kerl
	Ferrara		Abisira H
		Arlenda	Alcantara I
Ferdinand			Conil I H
		Helgoland I	Halt
	St.Pr.St. Herzenskind		Arfella
		Irland H	Indigo
			Onerdina
		Dömitz I	Dollart
	Domspatz		St.Pr.St. Aleppo
		Grafenhaus H	Graf
Domgöttin H			Feinköpfchen H
		Faschist II	Feiner Kerl
	Faschingsruhe		Anapa
		Karola	Klot
			S 2620

Hengstleistungsprüfung: 1970 in Westercelle Mit 46,34 Punkten wurde Wendekreis 3. von 15 Teilnehmern.
Protokoll: Schritt und Trab sehr gut; Galopp gut. Aufgewecktes Temperament, nervige Konstitution, gute Rittigkeit, beachtliches Springvermögen. Veranlagtes Reit- und Springpferd.

Berühmte Nachkommen:

Gekörte Söhne: Feinschnitt I, Feinschnitt II, Wagner, Waidmann, Waleco, Waldheim, Washington, Wedemark, Weinstock, Weltferdl, Wellington, Weltmann, Wendelin I, Wendelin II, Wendekönig, Wendekreis, Wendepunkt I, Wendepunkt II, Wendenburg, Wendland I, Wendland II, Wendulan, Wenrico, Werdinand, Werther, Wildfang, Windwurf, Worldcup und 8 weitere gekörte Söhne.
Töchter: 210 eingetragene Stuten
Staatsprämienstuten: 4
Hauptbuchstuten: 192
1982 waren 87 Wendekreis-Nachkommen im Sport. Davon gewannen 18 Pferde mehr als 1.000 Mark.
Nachkommen-Gewinnsumme 1982: 174.600,-- DM

zahl von gekörten Söhnen und eingetragenen Stuten aufweisen. Von seinen bisher 36 gekörten Söhnen haben allein neun im Landgestüt gewirkt oder wirken noch.

Zu seinen qualitätvollsten Söhnen gehört ohne Zweifel Werther, einer der gefragtesten jüngeren Hengste im hannoverschen Zuchtgebiet. In den letzten Jahren hatte er in jeder Saison eine volle Liste.

Unübersehbar hat der Ferdinand-Sohn Wendekreis die hannoversche Zucht bisher beeinflußt. Und es ist noch einiges zu erwarten von dem Braunen, der 1984 in seine 14. Decksaison geht.

Wöhler

Schwerer Hengst mit herrlichen Bewegungen (Hannover)

Die Trabverstärkung dieses Hengstes wußte die Massen zu begeistern. Der Aktionstraber Wöhler ließ keine Gelegenheit aus, den Zuschauern zu beweisen, über welch Gangwerk ein Hannoveraner verfügen kann. Und es machte ihm Spaß. Als ob er wußte, daß ihm diese bodenverachtende Leichtfüßigkeit so schnell keiner nachmachte.

Dabei verriet er im Stand alles andere als vornehme Eleganz. Sein Oberkörper war dichtbepackt mit starken Muskelpartien, wenig markant und trug einen ungewöhnlich breit angesetzten, aber langen Hals. Er war der Typ des soliden, leichtfuttrigen Hannoveraners in sehr geschlossenem Rahmen. Aus seinem kleinen ausdrucksvollen Kopf blickten die Augen eines treuen und intelligenten Wesens.

Seine Verläßlichkeit bewies er erstmals 1953 bei der Hengstleistungsprüfung in Westercelle. Seine Interieur-Eigenschaften, verbunden mit den außergewöhnlichen Bewegungen, ließen ihn Prüfungssieger werden.

Mit denselben Charaktereigenschaften des Vaters sind auch die Kinder ausgezeichnet. Schon früh sorgte Wöhler für Aufsehen in Züchterkreisen, als seine beiden Söhne Wellington und Watzmann jeweils den Spitzenpreis in Verden verbuchten. Wellington war später unter dem Namen Wodka II der gewinnreichste Wöhler-Nachkomme. Wöhler-Kinder sind allseits beliebte Reitpferde, die vorwiegend im Viereck eingesetzt werden. Über seinen Sohn Wunsch II ist Wöhler unter anderem auch Großvater des Weltklasse-

WÖHLER

Geboren:	1950 in Niedersachsen
Lebens-Nr.:	310388050
Züchter:	Justus Siltmann, Gehrde, Kr. Bersenbrück
Farbe:	Dunkelfuchs
Abzeichen:	St., Schn., r. Vf., bd. Hf. w.
Maße:	159/192/22,0
Gekört:	1952 in Verden

Dressurpferdes Woyzek (Harry Boldt).

Durch seinen Stationswechsel 1967 von Burlage nach Altenbruch nahm Wöhler verstärkten Einfluß auf die hannoversche Zucht. Obwohl er in Altenbruch nicht so viel Züchter-Vertrauen genoß wie in Burlage, lieferte er doch eine Reihe guter Zuchtpferde. An erster Stelle steht hier sein Sohn Woermann, der heute einer der beschäftigsten Celler Landbeschäler ist. Woermann ist ein großliniger, moderner Hengst, der durch seinen Großvater Marabou xx unverkennbar mit einem großen Tropfen Vollblut versehen ist. Wie sein Vater, weiß sich auch Woermann vorzüglich zu bewegen.

Flügeladjutant	Flügelmann	Flavius	Fling
			Aurelie (Herrh.Stb.) (Herrh.Stb.)
		Allonia	Alderman I
			Costane
	Alexine	Albeck	Alkoven I
			Supra II
		Anaka	Anakreon
			Lasso
St.Pr.St. Flozia	Flotow	Flavius	Fling
			Aurelie (Herrh.Stb.)
		Norlita	Negustro II
			St. v.
	Jodlerwelt	Joho	Journalist
			Magalla
		St.Pr.St. Eboli	Ecco xx
			Schwarzdolde H

Hengstleistungs-prüfung:
1953 gewann Wöhler die Hengstleistungs-prüfung in Westercelle: Äußerst gutmütiges Reitpferd, auf das sich der Reiter immer verlassen kann. Ausgestattet mit hohen Reitanlagen und bestem Temperament. Die Bewegungen, vor allem im Trabe, sind außergewöhnlich.

Berühmte Nachkommen:

Gekörte Söhne: Wachtelkönig, Wagram, Weimar, Wikinger, Woermann, Wohlan, Wohlklang, Wotan, Wunsch I, Wunsch II, und zwei weitere gekörte Söhne.
Töchter: 258 eingetragene Stuten
Staatsprämienstuten: 32
Hauptbuchstuten: 204
1982 waren noch 14 Wöhler-Nachkommen im Sport. Davon gewann ein Pferd mehr als 1.000 Mark.
Nachkommen-Gewinnsumme 1982: 288.000,-- DM
Der gewinnreichts Wöhler-Nachkomme: Wodka II - hann. Fuchs-Wallach, mehrfach siegreich in schweren Dressurprüfungen unter Udo Nesch. Lebensgewinnsumme: 54.000,-- Mark.

Woermanns bekanntester Sohn ist Wenzel. Der Wöhler-Enkel war DLG-Sieger seiner Klasse in München. Er wurde mit einer Rekordpunktzahl von 135 Punkten auch überlegener Sieger in Adelheidsdorf. Wenzel gilt als hochbegabtes Reitpferd von vollendeter Harmonie. Seine Deckliste ist auf Jahre hinaus ausgebucht. Über Woermann und Wenzel schreibt Werner Schockemöhle in seinem Buch ,,Die großen Hengste Hannovers'': ,,Mit diesen beiden Hengsten hat sich Wöhler ein Denkmal gesetzt. Die züchterische Szene in Hannover ist dadurch sehr belebt worden. Beide Fuchshengste kommen im Typ, im Bewegungsablauf, im Charakter und in ihren Reitqualitäten dem Idealbild des modernen Hannoveraners sehr nahe.''

EIN PAAR ZAHLEN —
ABER OHNE MASSBAND

Die Bedeutung der einzelnen Zuchtgebiete
innerhalb der Pferdezucht
in der Bundesrepublik

Auf langen Fahrten durch saftige Weiden in der norddeutschen Tiefebene oder auf Pferdewanderungen durch die deutschen Mittelgebirge wird einem das kaum bewußt: In einem der hochindustrialisiertesten Länder dieser Welt, vergleichsweise winzig, ist auch eine der erfolgreichsten und größten Pferdezuchten zuhause.

Obwohl die Industrie und die Pferdezucht so weit auseinanderliegen: Das hohe Niveau von beiden mag seine Wurzeln in ähnlichen Eigenschaften haben. Reichtum an Phantasie und Findigkeit, Mut zum Risiko, Akuratesse, Ordnungsliebe und Fleiß — natürlich auch Energie und Ehrgeiz sind immer verlangt, wenn große Ergebnisse erzielt werden sollen.

Und auf beiden Feldern (natürlich nicht nur auf diesen) werden große Leistungen nicht erst seit wenigen Jahren, sondern seit Jahrhunderten in der Mitte Europas erbracht. Um in diesem Vergleich zu bleiben: Während in Handwerk und Industrie im Laufe der Jahrzehnte tiefgreifende Strukturwandlungen stattfanden, sich geographische Schwerpunkte deutlich verschoben haben, ist die Pferdezucht in dieser Hinsicht in ihrer Struktur über die Jahrhunderte erhalten geblieben. Natürlich gab es auch hier gute und schlechtere Zeiten, waren mal mehr leichtere und dann wieder schwerere Pferde gefragt — doch das Nord-Süd-Gefälle ist bis heute deutlich.

Die Hochzuchtgebiete, bedingt durch Fläche, Bodenbeschaffenheit und Klima, waren immer im Norden, die weniger wichtigen Gebiete für die Pferdezucht (heute nennen wir sie Nachzuchtgebiete) lagen immer im Süden.

Dies hat sich immer in der Quantität und natürlich auch in der Qualität ausgedrückt.

Heute wird die deutsche Reitpferdezucht von zwei sehr bedeutenden nahen Verwandten nicht nur mengenmäßig stark geprägt: Den Hannoveraner und den Westfalen. Daneben sprechen die vergleichsweise viel kleineren, aber umso rührigeren (und vielleicht auch flexibleren) Zuchten in Schleswig-Holstein und Oldenburg ein gewichtiges Wörtchen in der Spitze mit.

Alle anderen Zuchtgebiete sind zweifellos, trotz teilweise beachtlicher Erfolge, weiterhin als Nachzuchtgebiete zu betrachten, wobei die Rheinländer wahrscheinlich den Hochzuchten am nächsten gekommen sind. Dies läßt sich sicherlich mit der geographischen Nähe zum Hochzuchtgebiet Westfalen und der innigen Verbundenheit zum Landgestüt Warendorf erklären.

Eine Unterscheidung zwischen den Zuchtgebieten Hessen, Rheinland-Pfalz, Bayern und Baden-Württemberg im Fortschritt auf dem Weg zum "Deutschen Reitpferd" ist schwerlich nur zu treffen. Bei dieser Bewertung müßten zuerst einmal gleiche Kriterien gefunden werden. In einem dieser Nachzuchtgebiete ist verhältnismäßig munter drauflos gezüchtet worden mit vielen unterschiedlichen Blutströmungen, im anderen sehr konsequent mit einer oder zwei Veredlerrassen. Wahrscheinlich wird sich eine Entscheidung im Hinblick auf den besseren Weg erst in weiteren fünf bis zehn Pferdegenerationen treffen lassen.

Von den beiden bundesweit organisierten Spezialrassen steht natürlich die Trakehnerzucht ganz nahe neben den Warmblutzuchten. Diese Zucht hat Bedeutendes geleistet bei der Umzüchtung der meisten deutschen Landespferdezuchten in Richtung Reitpferd. Genetisch ist der Trakehner fraglos eine Warmblutzucht. Die besondere Situation dieser vertriebenen Zucht macht organisatorisch offenbar einen Sonderstatus neben den Landeszuchten immer noch notwendig.

Weit weg von den Warmblutzuchten bewegt sich die Zucht der unterschiedlichen Araberschläge. Auch wenn immer wieder Araberblut in den Warmblutzuchten Verwendung findet, spielt sich diese Zucht auf einem ganz eigenständigen Feld ab.

Die deutsche Vollblutzucht hat in den vergangenen Jahren eine Reihe schöner Erfolge zu verzeichnen. Sie hat aber natürlich den Anschluß an die tonangebenden Zuchten des englischen Vollbluts in der Welt noch lange nicht geschafft. Es ist auch nicht zu erwarten, daß in der Breite bei einer verhältnismäßig kleinen Population Anschluß an die USA, England oder zum Beispiel Frankreich möglich ist. Dazu sind die Rahmenbedingungen in der Bundesrepublik einfach nicht vorhanden.

Ähnlich ist die Situation in der deutschen Traberzucht zu sehen: Die Umsätze des Totalisators beeinflussen letztlich maßgeblich Quantität und Qualität solch einer Leistungszucht.

In den unterschiedlichen Pony-, Kleinpferde- und Robustpferdezuchten sind nach dem Zweiten Weltkrieg (vor allem mit Beginn der sechziger Jahre) in der Bundesrepublik große Fortschritte gemacht worden. Bei Liebhaberzuchten — und als diese müssen sie in der Breite bezeichnet werden — ist der allgemeine Wohlstand entscheidend für den Aufschwung. In den vergangenen zwanzig Jahren sind wirtschaftlich kaum rechenbare Anstrengungen unternommen worden, besonders gute Zuchtpferde aus den Ursprungsländern zu importieren, was in vielen Zuchten nachhaltigen Erfolg gehabt hat.

Zur besseren Einordnung und zur besseren Beurteilung der Hengstbeschreibungen in diesem Buch sollen kurze Abrisse der wichtigsten Zuchtgebiete gegeben werden.

Hannoveraner

Mit rund 17.000 eingetragenen Stuten zählt das Pferdezuchtgebiet Niedersachsen (ohne Oldenburg) mit zu den größten zusammenhängenden Pferdezuchtgebieten der Welt. Mit der Gründung des Landgestüts Celle im Jahr 1735 hat die geordnete Pferdezucht in Niedersachsen begonnen. Zweifellos muß der Hannoveraner nicht nur in der Zahl, sondern auch in der Bedeutung heute als die wichtigste deutsche Pferdezucht bezeichnet werden. Sicher läßt sich ohne Arroganz behaupten, daß die deutsche Pferdezucht nach dem Zweiten Weltkrieg auf den großen internationalen Turnierplätzen am erfolgreichsten war — vielleicht könnte aber sogar die hannoversche Zucht diesen Superlativ für sich allein beanspruchen. Die großen Turnierpferde mit dem Brand der doppelten Pferdeköpfe sind seit Jahren Legion.

Niedersachsen bietet für die Pferdezucht ideale Voraussetzungen: Große Flächen, entsprechende Böden und vor allem das über viele Generationen erworbene und vom Vater auf den Sohn weitergegebene Pferdewissen der Züchter.

Nach dem Zweiten Weltkrieg gelang die Umzüchtung des schweren Wirtschaftspferdes durch Selektion, mit Trakehner Hengsten, später auch in verhältnismäßig großem Maß mit englischen Vollblütern. Die unterschiedlichen Bedingungen innerhalb des Zuchtgebietes (z. B. die feuchten, fetten Böden der Marsch im Gegensatz zu den trockenen und leichten der Heide oder der Mittelgebirge) haben auch eine große Variationsbreite innerhalb der Pferdezucht gebracht. Der Hannoveraner reicht vom blütigen, gängigen Damenpferd bis zum mächtigen Hunter oder dem, was man ehemals das "Kommandeurspferd" nannte. Diese Variationsbreite zu erhalten ist Bestreben der Zuchtleitung. Im Verband Hannoverscher Warmblutzüchter hat man sich frühzeitig Gedanken über die sinnvollste und erfolgreichste Vermarktung guter Pferde gemacht und ist schon vor vielen Jahren neue Wege gegangen.

Großen Anteil an der weltweit immer noch unangefochtenen Stellung des Hannoveraners hat sicher auch der große Hippologe und geniale Stratege Hans-Joachim Köhler.

Hannover liefert schon seit vielen Jahren eine große Zahl von Zuchtpferden nicht nur in die deutschen Nachzuchtgebiete, sondern in Pferdezuchten auf der ganzen Welt.

Westfalen

Genetisch ist die Pferdezucht in Westfalen als Vollschwester zur hannoverschen Zucht zu betrachten. Die beiden attraktiven Damen sind denn heute auch naturgemäß in eine starke verwandtschaftliche Rivalität geraten.

Die westfälischen Pferdezüchter beschlossen kurz nach dem Ersten Weltkrieg nach verschiedenen nicht sonderlich erfolgreich verlaufenen Zuchtexperimenten, die gesamte Warmblutzucht auf hannoversche Beine zu stellen. Auch nach Beendigung der Zuchtumstellung gibt es bis heute einen regen Austausch zwischen den beiden Zuchten, wobei weiterhin Westfalen vor allem nimmt.

Zahlenmäßig steht das westfälische Zuchtgebiet in der Bundesrepublik an zweiter Stelle: Rund 12.000 Stuten sind eingetragen. Vor allem in den vergangenen 15 Jahren ist Westfalen zu einem gewichtigen Konkurrenten des Hannoveraners geworden. Westfälische Pferde stehen den niedersächsischen auch auf den großen Turnierplätzen nicht nach, der sehr aktive Verband kümmert sich zum Teil beispielhaft um Werbung und Vermarktung.

Westfalen hat die Umzüchtung vor allem durch Selektion aus dem vorhandenen Zuchtmaterial betrieben. Nur in geringem Maß wurden Veredler wie Trakehner oder englisches Vollblut eingesetzt. Der notwendige Schuß Vollblut ist — vor allem in den vergangenen Jahren — durch besonders gut geeignete Vollblüter in die Zucht gegeben worden.

Schleswig-Holstein

Fast entgegengesetzt wurde im nördlichsten Bundesland die Umzüchtung vom schweren Holsteiner Karrossier mit hoher Knieaktion zum leistungsfähigen und leistungsbereiten Springpferd vorgenommen. Die Holsteiner Pferdezüchter setzten mit Beginn der sechziger Jahre vor allem auf die Veredler-Funktion des englischen Vollblüters. Dieses vergleichsweise kleine Pferdezuchtgebiet (rd. 3.500 eingetragene Stuten) hat damit weltweit einen kaum in Relation zu seiner Größe stehenden Erfolg gehabt. Holsteiner Pferde tragen den Ruf, die besten Springpferde der Welt zu sein. Auch wenn man solche Superlative gerade in der Pferdezucht mit großer Vorsicht sehen muß, ist im Kern kaum daran zu rütteln. Die Zuchtpolitik der Pferdeleute zwischen den Meeren ist deutlich auf die Springveranlagung eingestellt.

Einen idealen Blutanschluß hat Holstein nach der Veredlungsphase der soliden Stutengrundlage durch englisches Vollblut in jüngeren Jahren mit dem Anglo-Normannen gefunden. Hengste dieser französischen Zuchtrichtung werden zumindest für den Rest dieses Jahrhunderts das Bild der Holsteiner Pferdezucht prägen.

Oldenburg

Das Zuchtgebiet Oldenburg (politisch heute Niedersachsen) ist schon immer durch die private Hengsthaltung geprägt worden. Das hat dazu geführt, daß der Oldenburger über viele Jahrzehnte hinweg als d a s Wagenpferd par exellance in ganz Europa galt und der Oldenburger heute als Sportpferd auf der ganzen Welt einen exquisiten Ruf genießt.

Der Oldenburger (rund 3.000 eingetragene Stuten) hat im Verhältnis zur Größe der Population einen Ruf wie Donnerhall. Dies basiert in erster Linie auf der überaus soliden Sachkenntnis der Züchter, auf deren bewunderungswürdigem Mut zum Risiko, dem Zusammenhalt (vor allem nach außen) und auf einer vor allem in den jüngeren Jahren sehr intelligenten Verbandspolitik.

Die Voraussetzungen nach Ende des Zweiten Weltkrieges waren vergleichbar denen in Schleswig-Holstein. Mit ein wenig Verzögerung wurde in Oldenburg auch der gleiche Weg bei der Umzüchtung beschritten: Veredlung mit englischem Vollblut. Nach dieser Umzüchtungsphase, die noch rigoroser vom Vollblut geprägt war als in Holstein, wurde der Anschluß beim Anglo-Normannen gesucht und mit gleichem Erfolg gefunden. Wer will sich streiten, ob der Name Furioso II für Oldenburg bedeutender ist als der Name Cor de la Bryére für Holstein?

Zweifellos gehören Fingerspitzengefühl und Flexibilität zu jeder erfolgreichen Pferdezucht. Diese beiden Vokalen fallen dem Kundigen im Zusammenhang mit der Oldenburger Pferdezucht sehr früh ein.

Rheinland

Rheinisches Kaltblut — ein Markenzeichen auf der ganzen Welt. Sie sind abgelöst worden, die gemütlichen Dicken von Daimler-Benz, Magirus und MAN. Ein weiter Weg, bis zum leistungsbetonten Reitpferd. Die rheinische Pferdezucht hat diesen Weg aber in bewundernswert kurzer Zeit und mit sehr großem Erfolg geschafft.

Damit dieses Bild kein Mißverständnis auslöst: Natürlich ist der Ausgangspunkt der heutigen Warmblutzucht im Rheinland nicht der Kaltblüter, sondern die ebenfalls schon sehr lange betriebene rheinische Warmblutzucht.

Die Nähe des Rheinlandes zu Westfalen hat nach dem Zweiten Weltkrieg zu einer ''Verschwisterung'' geführt. Das politische Zusammenleben in einem Bundesland tat ein Übriges. Zweifellos hat die rheinische Zucht stark von dieser Anlehnung an Westfalen profitiert.

Die Umzüchtungsphase im Rheinland ist, ebenso wie in Westfalen, sehr stark durch Selektion, in erheblich stärkerem Maß aber als im Nachbargebiet auch durch Trakehner Hengste vorgenommen worden. Im Rheinischen Pferdestammbuch sind heute rund 3.500 Stuten eingetragen, die ''Rheinischen'' genießen inzwischen einen guten Ruf auf den Turnierplätzen, Hengste und Stuten werden in immer größerer Zahl auch in Nachzuchtgebiete, nicht nur innerhalb der Bundesrepublik, verkauft. Natürlich steht das Zuchtgebiet Rheinland immer wieder im Schatten des erheblich größeren Westfalen, doch auf der anderen Seite färbt westfälischer Erfolg auch immer wieder gen Westen hin ab.

Das Rheinland ist vor rund 25 Jahren als Nachzuchtgebiet gestartet — es ist nach den Erfolgen in dieser Zeit allerdings diskussionsfähig, ob es weiterhin als solches zu bezeichnen ist.

Hessen

Der geographische Anschluß an Westfalen und Niedersachen hat das Nachzuchtgebiet Hessen natürlich sehr stark geprägt. Von den rund 4.500 eingetragenen Stuten in Hessen führen heute viele westfälisches oder hannoversches Blut — allerdings eine große Zahl auch Trakehner Blut.

Die hessische Warmblutzucht ist in der Breite bisher leider verhältnismäßig konturenlos geblieben, dies steht nicht im Gegensatz zu einigen Spitzenpferden aus den vergangenen Jahren, die auf den Turnierplätzen für Furore sorgen konnten.

Rheinland-Pfalz/Saar

Stärker noch als in Hessen haben die Pferdezüchter in Rheinland-Pfalz und im Saarland, die hier gemeinsam behandelt werden sollen, bei der Umzüchtung der Landespferdezucht auf Trakehner Blut gesetzt. Es sind in den vergangenen Jahren recht gute Erfolge zu verzeichnen. Die Randlage macht die Vermarktung natürlich nicht einfacher. Verwunderlich ist eigentlich der verhältnismäßig geringe Einfluß der französischen Pferdezucht auf dieses Grenzland. Eingetragen sind rund 3.000 Stuten.

Baden-Württemberg

In keinem Pferdezuchtgebiet der Bundesrepublik ist über einen langen Zeitraum so konsequent mit einer Rasse veredelt worden wie in Baden-Württemberg. Dieses Zuchtgebiet (rund 5.000 eingetragene Stuten) setzte fast 20 Jahre lang so gut wie ausschließlich auf Trakehner Blut. Im Haupt- und Landgestüt Marbach standen über viele Jahre hinweg bis zu 80 Hengste mit dem Elchschaufelbrand oder Söhne von ihnen. Diese konsequente Zuchtpolitik ist durchweg als erfolgreich zu bezeichnen. In keinem anderen Nachzuchtgebiet kann die Population heute als einheitlicher bezeichnet werden, auch wenn die großen Leistungsträger nach 20 Jahren noch nicht breit gestreut sein können.

Erst seit einigen Jahren ist der Einfluß des Trakehner Blutes erheblich zurückgedrängt und durch Blut aus Hannover, Westfalen, Holstein und englisches Vollblut ersetzt worden. Nach einer langen Durststrecke in einem Gebiet, das teilweise wegen des Klimas und der Bodenverhältnisse, aber auch wegen der historisch bedingten bäuerlichen Kleinwirtschaft nicht unbedingt den Notwendigkeiten der Pferdezucht entgegenkommt, sind beachtenswerte Erfolge vor allem in der Breite erzielt worden. Es ist zu hoffen, daß die geschaffene Basis nicht durch Konzeptionslosigkeit in der Zukunft gefährdet wird. Erfolgreiche Hochzuchtgebiete (Oldenburg, Holstein) haben vorexerziert, daß in jeder Zuchtphase die Konzentration auf wenige "Verbesserungsrassen" der Verzettelung vorzuziehen ist.

Bayern

Viel früher als in Baden-Württemberg haben die bayerischen Warmblutzüchter den einmal eingeschlagenen Weg bei der Umzüchtung verlassen. Auch hier wurde (allerdings von Beginn nicht in gleich großer Zahl und ähnlich konsequent) mit der Veredlung durch den Trakehner und zusätzlich durch englisches Vollblut begonnen. Verhältnismäßig früh, schon nach wenigen Zuchtgenerationen, wurden aber schon Hengste aus unterschiedlichen Zuchtgebieten zusätzlich herangezogen, der Trakehner ist in Bayern heute mehr oder weniger verdrängt. Knapp 4.000 Stuten sind in diesem flächenmäßig größten Bundesland eingetragen.

Trakehner

Die ehemals größte Reitpferdezucht der Welt in Ostpreußen schien nach Ende des Zweiten Weltkrieges für alle Zeiten verloren. Zu Beginn des Krieges waren in Ostpreußen mehr als 20.000 Stuten eingetragen. Nur rund 700 Pferde Trakehner Abstammung konnten in den Westen Deutschlands gerettet werden.
Heute gehört die Trakehner Zucht wieder zu den großen deutschen Pferdezuchten. Mehr als 4.000 Stuten sind ins Zuchtbuch eingetragen. Als vertriebene Zucht erhielten die Trakehner wenige Jahre nach dem Krieg einen Sonderstatus als Bundeszucht und Spezialrasse. Die Konkurrenz zwischen Landeszuchten und Trakehnerzucht gestaltete die Zuchtpolitik oft recht schwierig, obwohl sich in den ersten Jahren der Reitpferdezucht gute Anknüpfungspunkte ergaben. In mehreren Landeszuchten wurden Trakehner Hengste sehr stark und mit gutem Erfolg eingesetzt.

Der in der Breite fehlende bäuerliche Hintergrund, das große Zuchtgebiet Bundesrepublik und möglicherweise auch die Spätreife der Rasse haben der Trakehnerzucht in jüngeren Jahren Probleme bereitet. In den Zeiten, als der Trakehner als Veredler in starkem Maß gefragt, weil notwendig war und sich im Freizeitbereich für das elegante Pferd ausreichend Absatzmöglichkeiten boten, ist versäumt worden, diese leistungsstarke und harte Rasse stärker im Sport zu etablieren. Dies muß heute vor allem in der Breite nachgeholt werden.

In der Hoffnung, wieder stärker als Lieferant von Veredler-Hengsten gefragt zu sein, hat die Verbandsführung teilweise im massiven Verdrängungswettbewerb der Landeszuchten nicht immer angemessen reagiert. Obwohl die Qualitäten des Trakehners wieder etwas stärker ins züchterische Blickfeld geraten — auch in den Hochzuchtgebieten — kann der Veredlungsprozeß in der deutschen Pferdezucht als abgeschlossen gelten. Es ist zu fragen, ob es weiterhin sinnvoll ist, den Trakehner über einen Sonderstatus in einem exotischen Abseits zu belassen. Wahrscheinlich wäre dieser Rasse durch die harte und direkte Konkurrenz mit den Landespferdezuchten für die Zukunft mehr gedient.

QUELLENVERZEICHNIS

Werner Schockemöhle: "Die großen Hengste Hannovers", Friedberg 1981 (Ahnert-Verlag)

Roland Ramsauer: "Das Oldenburger Sportpferd", Friedberg 1978 (Ahnert-Verlag)

Romedio Graf v. Thun-Hohenstein: "Das Holsteiner Pferd", Friedberg 1978 (Ahnert-Verlag)

Fritz Schilke: "Trakehner einst und jetzt", München 1974 und 1982 (BLV-Verlagsgesellschaft)

Trakehner Verband: "Trakehner Hengstbuch", Hamburg

Verband Hannoverscher Warmblutzüchter: "Hannoversches Hengstbuch", Hannover

Deutsche Reiterliche Vereinigung (FN): "Jahrbuch Zucht", Warendorf 1982

Deutsche Reiterliche Vereinigung (FN): "Jahrbuch Sport", Warendorf 1982

Arnold Schlie: "Der Hannoveraner", München 1975 (BLV Verlagsgesellschaft)

Hanno Dohn: "Pferdeland am Rhein", Bad Homburg 1983 (Limpert-Verlag)

Burchard Bade: "Das Landgestüt Celle und seine Hengste", Bad Homburg 1983 (Limpert-Verlag)

Cranz, Lehmann, v. Stenglin, Wedekind: "Hengstparaden", Bad Homburg 1979 (Limpert-Verlag)

Haupt- und Landgestüt Marbach: "Hengstbuch", Marbach 1973

Fritz Knippenberg: "Da ist gut Pferd sein", Bad Homburg 1977 (Limpert-Verlag)

John Aiscan: "Die Vollblut-Hengste der Bundesrepublik Deutschland" (Ahnert-Verlag)

M. Evensfield u. a.: "Die Vollblutzucht der Welt (Ahnert-Verlag)

FOTONACHWEIS

Sting/Heuner (41), Werner Ernst (28), Günter Prütting (7), A. Kaup (4), Melitta Huck (2), G. Küst (1), Verband der Züchter des Holsteiner Pferdes (3), Hauptverband für Traberzucht- und Rennen (4), W. Menzendorf (14), Walter Kienle (6), Dr. Gramatzik (1), Foto-Holder (1), Haupt- und Landgestüt Marbach (3), H. Mutschler (2), H. M. Czerny (1), H. J. Bernhagen (1), Gräfin Dohna (1), Trakehner Verband (1), Landesverband Bayerischer Pferdezüchter (2), Westfälisches Pferdestammbuch (2), J. V. Bellen (2), Nordrhein-Westfälisches Landgestüt (10).

PFERDEVERZEICHNIS

PONYZUCHTGEBIETE IN DER BUNDESREPUBLIK DEUTSCHLAND

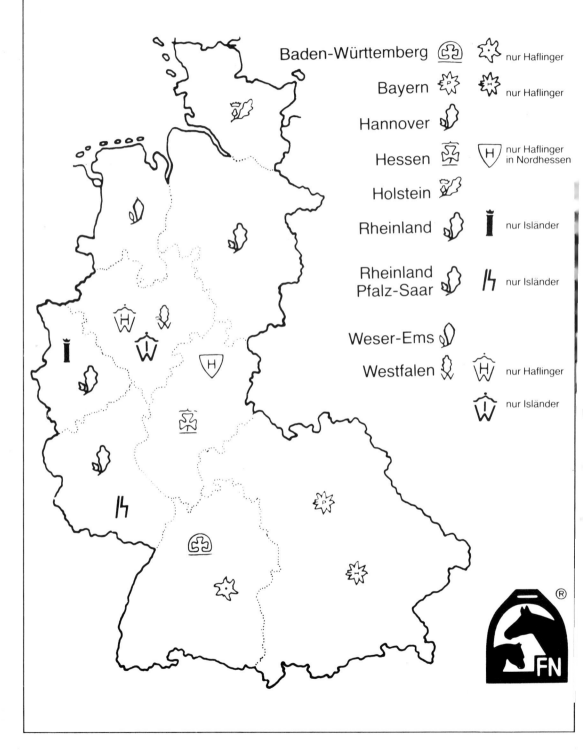

Baden-Württemberg   nur Haflinger

Bayern   nur Haflinger

Hannover

Hessen   nur Haflinger in Nordhessen

Holstein

Rheinland   nur Isländer

Rheinland Pfalz-Saar   nur Isländer

Weser-Ems

Westfalen   nur Haflinger

   nur Isländer

FN